Erfolgreich trainieren!

Jost Hegner

Arturo Hotz

Hansruedi Kunz

D1703717

Patronat:

ASA | SVV   Schweizerischer Versicherungsverband
Association Suisse d'Assurances
Associazione Svizzera d'Assicurazioni

v/d\f

Impressum:

Herausgeber:	Akademischer Sportverband Zürich
	ETH-Zentrum, CH-8092 Zürich, www.asvz.ch
Projektleiter:	Heiner Iten, Hochschulsportlehrer ASVZ
Redaktion:	Arturo Hotz
Fotos (Titelbilder):	Alle für die Titelbilder verwendeten Fotos wurden im Zusammenhang mit der Fotoausstellung «Sport durch die Linse» von 25 der bekanntesten Schweizer Fotografinnen und Fotografen exklusiv für den ASVZ realisiert. Ausnahme: Titelbild «Koordination» von Robert Bösch, S. 115
Fotos (Übungen):	Patrick Hofmann, Wittenwil
Grafik/Satz:	Partner & Partner AG, Winterthur
Druck:	Mattenbach AG, Winterthur
Sponsor/Patronat:	Schweizerischer Versicherungsverband SVV
Co-Sponsor:	ETH Zürich
1. Auflage:	2.2.2000

© 2000 by Akademischer Sportverband Zürich und vdf Hochschulverlag AG an der ETH Zürich

Die Deutsche Bibliothek – CIP-Einheitsaufnahme

Hegner, Jost:

Erfolgreich trainieren / Jost Hegner ; Arturo Hotz ; Hansruedi Kunz. [Hrsg.: Akademischer Sportverband Zürich]. - 1. Aufl., - Zürich : vdf, Hochschulverl. an der ETH, 2000
ISBN 3-7281-2736-1

Der vdf im Internet: http://www.vdf.ethz.ch

Jost Hegner

dipl. Naturwissenschaftler

Turn- und Sportlehrer I und II

Fachleiter und Dozent für Sportbiologie und Trainingslehre am
ISSW der Uni Bern sowie Leiter der Ausbildung im Studienfach
«Bewegung, Spiel und Sport» am Sekundarlehramt der Uni Bern,
Trainerbildner SOV/BASPO/ESSM Magglingen.

Arturo Hotz

Prof. Dr. habil., Turn- und Sportlehrer I und II, Diplomtrainer SOV, Dozent für Trainingslehre (ETHZ) und Bewegungslehre (ETHZ/Uni Bern), apl. Professor (Uni Göttingen), Gast-
professor für (Sport-)Psychologie (Uni Innsbruck/Klagenfurt)
und für Sportdidaktik (AWF Wroclaw) sowie Trainerbildner
SOV/BASPO/ESSM Magglingen und an der Trainerakademie Köln.

Hansruedi Kunz

Dr. phil., Turn- und Sportlehrer I und II, Diplomtrainer SOV,
Dozent für Trainingslehre und Leichtathletik (ETHZ) sowie Trainer
und Trainerbildner Schweiz. Leichtathletikverband (SLV) und
Trainerbildung SOV/BASPO/ESSM Magglingen.

Inhaltsverzeichnis

«For brain, body and soul»! Gemäss unserem Motto sind wir im Akademischen Sportverband Zürich an der Nahtstelle zwischen Theorie und Praxis. Bereits 1991 erschien die erste «Trainingslehre im ASVZ». Ob Einsteiger/in, Gesundheits-Sportler/in oder Leistungssportler/in – für alle gelten die Erkenntnisse der Trainingslehre! Mit dem jetzigen Nachfolgewerk bieten wir weiterhin Grundlagen und Anleitung zu zielgerichtetem und sinnvollem Bewegungstraining.

Der ASVZ schätzt sich glücklich, mit Jost Hegner, Prof. Dr. Arturo Hotz und Dr. Hansruedi Kunz drei ausgewiesene Fachleute für die Realisierung dieses Projekts verpflichtet zu haben. Gemeinsam dürfen wir eine verständliche, moderne und praxisnahe Trainingslehre präsentieren.

Der Schweizerische Versicherungsverband hat erkannt, dass die Zielrichtung «Erfolgreich trainieren» sowohl Gesundheitsförderung als auch Unfallverhütung umfasst. Wir danken unserem Hauptsponsor, der die Realisierung unserer Ideen möglich machte.

Als Verlag fanden wir mit dem vdf Hochschulverlag AG an der ETH Zürich einen hausinternen Partner, der gewohnt ist, Publikationen wirkungsvoll zu lancieren.

Wir hoffen, dass sich zahlreiche Sportinteressierte, Lehrer/innen und Trainer/innen an unseren Schwerpunkten der Trainingslehre orientieren, und wünschen allen dabei viel Spass und Erfolg!

Akademischer Sportverband Zürich

Kaspar Egger   Heiner Iten
Direktor   Projektleiter

Zürich, im Januar 2000

Ein Brückenschlag zwischen wissenschaftlicher Erkenntnis und praxisbezogener Relevanz

Die Trainingslehre wird im Englischen als «theory of training» bezeichnet, während im deutschsprachigen Raum die Trainingstheorie eher als Trainingswissenschaft charakterisiert wird. Eine Trainingslehre in hiesigen Breitengraden stellt hingegen mehr eine methodische Aufbereitung der Trainingstheorie(n) in Richtung Praxisanleitung dar. Unsere Trainingslehre versucht eine Kombination: Einerseits soll sie eine Trainingstheorie sein, verstanden als eine systematisch strukturierte Erklärungsgrundlage für ein möglichst optimales Training; anderseits ist sie als eine theoriegeleitete Praxisanleitung konzipiert.

Eine solche Trainingslehre möchte praxisrelevante Antworten auf die Frage geben, wie Leistungen im Training entwickelt und dann im Wettkampf – auch dank entsprechendem Coaching – entfaltet werden können. Unsere Trainingslehre ist somit an der Nahtstelle zwischen Theorie und Praxis situiert und schlägt die Brücke zwischen wissenschaftlicher Erkenntnis und praxisbezogener Relevanz.

Die komplexe Struktur einer solchen Trainingslehre ist gewissermassen ein Abbild der menschlichen Leistung im Sport. Wer diese besser verstehen will, braucht Orientierungswissen aus den verschiedenen humanwissenschaftlichen Forschungsgebieten. Wir haben eine Auswahl getroffen und hoffen, damit zum differenzierteren Wissensstand der Leser/innen beitragen zu können.

So haben wir versucht, möglichst viele weiterführende Informationen zusammenzutragen. Es ging uns dabei darum, ausgewählte Leitideen aufzuzeigen, die uns für eine gezielte Leistungsentwicklung wichtig sind. In diesem Sinne wurden einerseits Teilbereiche aus den naturwissenschaftlichen Gebieten wie der Sportmedizin, der Leistungsphysiologie, der Biochemie und der Biomechanik mitberücksichtigt. Anderseits haben wir auch die mehr sozial- und geisteswissenschaftlich ausgerichteten Disziplinen, wie zum Beispiel die (Sport-)Psychologie, die (Sport-)Pädagogik (samt Didaktik und Methodik), die (Sport-)Soziologie und die (Sport-)Philosophie samt Ethik in unsere Reflexionen miteinbezogen. Bezüglich der Begrifflichkeiten haben wir uns am aktuellen Stand der sportwissenschaftlichen Terminologie orientiert, untereinander eine bestimmte Einheitlichkeit angestrebt, aber auch individuelle Vorlieben respektiert.

Wer ein Training optimal gestalten will, geht stets von bestimmten Zielvorstellungen aus, die er mit entsprechenden Trainingsmassnahmen erreichen will. Gefragt sind realistische Trainingsziele, und um diese setzen zu können, braucht es vorerst grundlegende Informationen im Zusammenhang mit der folgenden Frage: Mit wem haben wir es im Trainingsprozess zu tun?

Wir brauchen möglichst viele trainingsrelevante Informationen und weiterführende Angaben über die betreffenden Sportler/innen. Zum Beispiel:

- Handelt es sich um eine(n) Freizeitsportler/in, Schüler/in, Seniorensportler/in oder Leistungssportler/in?
- Und wie lernbereit, wie trainings- und leistungswillig ist diese(r) Sportler/in?

In einem weiteren Zusammenhang muss eine noch eingehendere Standortbestimmung vorgenommen werden, die zudem über eine reine Leistungsdiagnose hinausgeht. Es müssen beispielsweise auch folgende Fragen beantwortet werden:

- Welche Erwartungen und Hoffnungen prägen welche Wünsche und Ziele?
- Wieviel Zeit steht für das gesamte Training und die Erholung zur Verfügung?
- Welche Rolle spielt welches soziale Umfeld?

Eine solche Standortbestimmung braucht immer einen konkreten Bezug. Hier gilt es den Jetzt-Zustand mit einem differenzierten Anforderungsprofil in Beziehung zu setzen, das alle leistungsrelevanten Aspekte berücksichtigt. Ein solches Anforderungsprofil gibt Auskunft über die jeweilige Leistungsstruktur. Aus sportartenübergreifender Sicht und in pädamotorischer Perspektive unterscheiden wir zwei Hauptbereiche (vgl. HOTZ 1999, 6 f.): den Bereich Energie und den Bereich Steuerung. Sie beide bestimmen in ihrer ganzheitlich koordinierten Verwobenheit die Qualität des Leistungsgefüges.

Für beide Bereiche brauchen wir Orientierungswissen. Die traditionellen naturwissenschaftlichen Disziplinen konzentrieren sich auf den Themenbereich Energie. Die notwendigen Hintergrundinformationen hat Jost Hegner im dritten Kapitel dargestellt.

Eine differenzierte Fokussierung auf die physischen und insbesondere auf die konditionellen Aspekte – auch hinsichtlich ihrer praktischen Umsetzung – hat Hansruedi Kunz anschliessend im vierten Kapitel thematisiert.

Was zum Hauptbereich Steuerung (hier aber nicht im naturwissenschaftlichen Sinne verstanden) gehört, finden sich in den beiden von Arturo Hotz erstellten Kapiteln fünf und sechs, die vor allem die koordinativen und die psychischen Aspekte der Leistungserbringung unter die Lupe nehmen.

Sind Start und Ziel bekannt, ebenso das Umfeld samt seinen Begrenzungskomponenten, so beginnt die Trainingsarbeit mit der möglichst individuell abzustimmenden und stets zielorientierten Trainingsplanung und schliesslich der Trainingsgestaltung. Diese Aspekte greift Hansruedi Kunz im siebten Kapitel auf.

Hier werden die verschiedenen Trainingsziele, Trainingsprinzipien, Trainingsarten, Trainingsmassnahmen, Trainingsinhalte und Trainingsmethoden beleuchtet und erläutert.

Die Themen in der Übersicht

Kapitel 1: Einleitung
Ein Brückenschlag zwischen wissenschaftlicher Erkenntnis und praxisbezogener Relevanz.

Kapitel 2: Zur Leistungsentwicklung (A. Hotz)
Nur wer die Struktur und die Zusammenhänge der Leistungsentwicklung versteht, kann zu ihrer Förderung gezielt in pädamotorischer Perspektive beitragen!

Kapitel 3: Orientierungswissen (J. Hegner)
Dank profundem Orientierungswissen können Trainingsprozesse umfassender und verantwortungsvoller gesteuert werden!

Kapitel 4: Physische Akzente (H. Kunz)
Ohne physisches Leistungsvermögen keine optimale Leistung!

Kapitel 5: Koordination (A. Hotz)
Wir müssen nicht Bewegungen koordinieren lernen, sondern primär Problemlösungsstrategien erwerben und entwickeln, denn dann können wir auch Bewegungen effizienter koordinieren!

Kapitel 6: Psychische Akzente (A. Hotz)
Worauf kommt es in einem psychisch und psychologisch akzentuierten Training an?

Kapitel 7: Trainingssteuerung (H. Kunz)
Weder der Erfolg noch die Leistung kann gesteuert werden; einzig das Training, und zwar mit dem Ziel, die Leistung zu verbessern und den Erfolg zu ermöglichen!

All diese Bereiche sind Facetten einer umfassenden Leistungsentwicklung. Eine Einführung in diese Zusammenhänge wird in den ersten beiden Kapiteln gegeben.

Wir hoffen, dass unser Anliegen, eine solche Trainingslehre zu konzipieren, auch einem Bedürfnis entspricht und dass das Buch zur erfolgreicheren Gestaltung des Trainings etwas Nutzbringendes beisteuern kann und so auch zu einer besseren Lebensqualität beiträgt!

Bern, Goldiwil und Zürich, im Winter 2000

Das Autorenteam
Jost Hegner
Arturo Hotz
Hansruedi Kunz

Zur Leistungsentwicklung

Nur wer die Struktur und die Zusammenhänge der Leistungsentwicklung versteht, kann zu ihrer Förderung gezielt in pädamotorischer Perspektive beitragen!

Bild: Dieter Enz

Zur Komplexität der Leistungsentwicklung

Dass menschliches Leisten sehr komplex zustande kommt und es deshalb auch recht anspruchsvoll ist, die sportliche Leistung in ihrem ganzen Wechselbeziehungsgefüge zu verstehen, ist unbestritten. Ebenso die mehr oder weniger offensichtlichen Zusammenhänge zwischen der Leistungsentwicklung und der Trainingssteuerung sowie der Trainingsregelung. Diese Relationen sind bereits in anerkannten Modellen festgehalten worden (vgl. CARL 1992; GROSSER 1986 sowie: 7. Kapitel: «Trainingssteuerung – ein wichtiger Wegbereiter zum Erfolg!»).

Zusammenhänge erkennen heisst Ordnung schaffen: Reduktion der Komplexität zielt auf erhöhte Verständlichkeit.

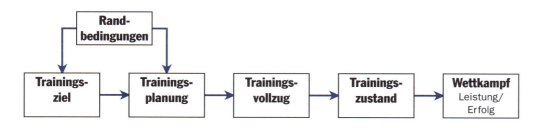

Modell der Trainingssteuerung
(modifiziert nach CARL in: RÖTHIG 1992, 528).

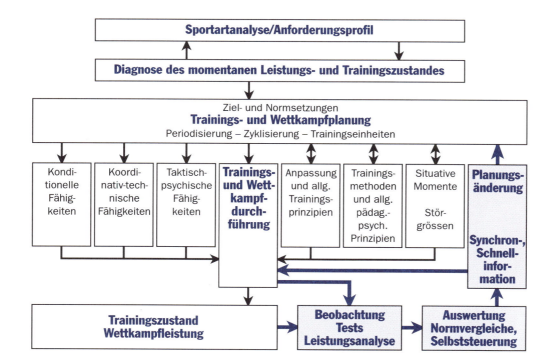

Modell der Trainings- und Wettkampfsteuerung
(modifiziert nach GROSSER 1986, 17).

Zur Leistungsentwicklung

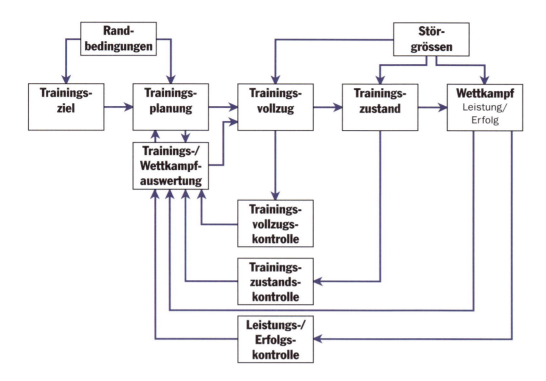

Modell der Trainingsregelung
(nach CARL in: RÖTHIG 1992, 528).

Grundsätzlich kann die Leistungsentwicklung von aussen, beispielsweise resultatbezogen anhand von Statistiken, oder aus der Sicht einer Fachwissenschaft – z. B. Leistungsentwicklung in neurobiologischer oder in biomechanischer Sicht – aufgezeigt werden. Ein weitere Betrachtungsweise fokussiert mehr die «personinternen Bedingungen sportlicher Leistungen», wie dies beispielsweise CARL (in: RÖTHIG 1992, 520) eindrücklich getan hat (siehe Seite 10).

Systemdynamisch strukturierte Modelle überzeugen durch die sichtbar gemachte Verwobenheit von sonst isolierten Aspekten.

Während es offenbar in der (Fach-)Literatur an solchen additiv strukturierten Darstellungen nicht fehlt, sind Konzepte, die über ein Aneinanderreihen von verschiedenen Kästchen hinausgehen, eher selten. Das Wesentliche aber kann möglicherweise nur mit Modellen visuell überzeugend dargestellt werden. Mit solchen Modellen kann es auch gelingen, vernetzte Einzelaspekte instruktiv und systemdynamisch, gleichsam als ganzheitliches Gefüge im Sinne der «Sinfonien menschlichen Handelns», und zwar trotz Abstraktion, nachzuerleben und zu verstehen (vgl. HOTZ 1994 b).

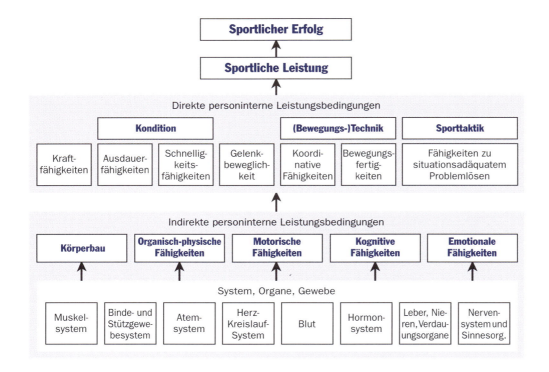

«Schema personinterner Bedingungen sportlicher Leistungen und Erfolge» (nach CARL, in: RÖTHIG 1992, 520).

Um diese Verwobenheit und gegenseitige Abhängigkeit deutlicher illustrieren zu können, wird als Ausdrucksform die *«liegende Acht»* gewählt. Dadurch wird das «eine» mit dem «andern» in eine Dialog-Beziehung und in der Mitte auf den Punkt gebracht. Neben ihren ohnehin bekannten Bedeutungen symbolisiert die liegende Acht auch die Konstanz des Wandels und der Wiederkehr in der Fliessbewegung und kommt so – auch als dynamisches Äquilibrieren verstanden – der assoziierten rhythmischen Struktur von Ebbe und Flut sehr nahe. Auf diese Weise können die für die Leistungsentwicklung wichtigen Wechselbeziehungen – auch als Zwiegespräche zwischen dem «einen» und dem «andern» – mehrsinnig nachempfunden werden. Der anschliessend erläuterte Modellaufbau versucht, die Leistung im sportbezogenen Zusammenhang und in *päda-motorischer Perspektive* abzubilden (vgl. HOTZ 1999 b, 6 f.).

Die «liegende Acht» illustriert den Dialog des einen mit dem andern in der rhythmischen Konstanz des Wandels und der Wieder-kehr.

Der pädamotorische Prozess ist in erster Linie gekennzeichnet durch die pädagogisch orientierte Kooperation. Der methodisch strukturierte Dialog zwischen Lehrenden und Lernenden dient der methodisch auf die Leistungsoptimierung ausgerichteten Kommunikation. Die Koordination im engeren Sinne hat techno-motorischen Charakter. Wird sie ganzheitlicher interpretiert, erfüllt sie die Funktion, für Abstimmungen aller Art im Prozessverlauf verantwortlich zu sein. So verstanden akzentuiert die Pädamotorik auch das Zusammenspiel zwischen den energetischen Leistungsanteilen (Bereich Energie) sowie der Steuerung und der Dosierung der mehr koordinativen Leistungsanteile (Bereich Steuerung).

> **Pädamotorische Perspektive bedeutet, dass der Prozess der Leistungsentwicklung nicht monodisziplinär nachgezeichnet wird, sondern als Ergebnis eines biopsychosozialen Prozesses zu verstehen ist. Die Pädamotorik ist eine akzentuiert pädagogisch, methodisch und motorisch ausgerichtete Lehre des Unterrichtens im Sport. Sie umfasst in ihrer Kernstruktur – woraus sich auch ihr Name ableiten lässt – ein pädagogisches, ein methodisches und ein technisches (oder eben motorisches) Konzept.**

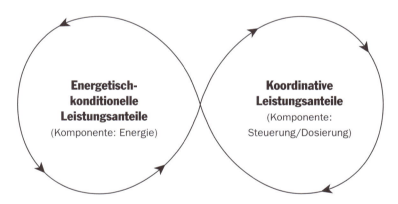

**Energetisch-
konditionelle
Leistungsanteile**
(Komponente: Energie)

**Koordinative
Leistungsanteile**
(Komponente:
Steuerung/Dosierung)

Die «liegende Acht» als Ausdruck und Symbol der Abhängigkeit zwischen den energetisch-konditionellen und den koordinativen Leistungsanteilen (nach: HOTZ). Diese Wechselbeziehung ist für das Verständnis der Leistungsentwicklung sehr wichtig. So wie ein gefüllter Tank eines Autos ohne Steuerrad ebenso wenig wie ein Auto mit Steuerrad, aber ohne gefüllten Tank den Anforderungen entspricht, sind sowohl «Kondition» als auch «Koordination» für eine erstrebenswerte Leistungserbringung notwendig. Nur in ihrem Synergiebezug können «Kondition» und «Koordination» dank ihrer Vernetzung und Verschränkung eine optimale Wirkung erzielen! (Vgl. auch die weitere Ausdifferenzierung dieses zentralen Zusammenhanges in den nachfolgenden Abbildungen!)

Die Leistungsentwicklung in pädamotorischer Sichtweise

Die Frage, wie die sportliche Leistung an sich und speziell im Rahmen eines ganzheitlich verstandenen Trainingsprozesses zustande kommt, kann in pädamotorischer Lern- und Lehrperspektive in dreifacher Sichtweise beleuchtet und strukturiert werden, nämlich aus der Sicht der drei Kernkonzepte der Pädamotorik:

Das «pädagogische Konzept»

setzt in seiner pädagogischen Kernbotschaft den Akzent auf die Förderung des partnerschaftlichen Dialogs zwischen Lernenden und Lehrenden! In dieser *Kooperation* steht der Austausch von bedeutungsvollen (Eigen-) Erfahrungen sowie lernrelevanter Informationen im Zentrum. Diese Interaktionen sollten zu einer von Vertrauen und Verantwortung gekennzeichneten Wechselbeziehung führen, die in einem humanistischen Menschenbild ihre Wurzeln hat. Aus diesem Kontext entwickelt sich ein Ambiente: Dieser Geist der Zusammenarbeit orientiert sich an ethischen Werten und bestimmt auch die Art des Umganges miteinander!

Die menschenbildgeleitete Kooperation im sozialen Fokus pädagogischen Handelns.

Das «methodische Konzept»

leitet sich aus dem pädagogischen Konzept ab. Die in den methodischen Lern- und Lehrmodellen gesetzten methodischen Akzente zielen auf einen möglichst handlungs- und lernwirksamen Dialog. Das Menschenbild, an dem sich auch die methodische *Kommunikation* orientiert, prägt auch den Trainingsprozess, der aber nicht eindimenional auf die Leistungsoptimierung ausgerichtet sein darf! Die pädagogisch-methodische Herausforderung kann nur dann sinnvoll gemeistert werden, wenn sie sich – parallel zur Leistungsvervollkommnung! – auch auf die Persönlichkeitsentwicklung der Sportler/innen konzentriert.

Methodisches Handeln im Dienste der auch auf die Persönlichkeitsentwicklung ausgerichteten Kommunikation.

Das «technische (oder motorische) Konzept»

fokussiert den Technikprozess sowie die individuelle techno-motorische Entwicklung. Die Wirksamkeit eines technisch betonten Trainings hängt – abgesehen von der methodischen Gestaltung (siehe «methodisches Konzept», insbesondere die je drei Lern- und Lehrstufen nach HOTZ 1997 a, 179) – in hohem Masse von der techno-motorischen Handlungskompetenz ab, die räumlich-zeitlich-energetische Präzision steuern und verbessern zu können. Das Timing wird als zentrale Handlungskompetenz verstanden; sie entwickelt sich aufgrund sowohl energetisch-konditioneller als auch koordinativer Befähigungs- und Förderungsprozesse. Dank Timing wird es den Sportler/innen aller Leistungsstufen möglich sein, auf immer wieder neue

Technisches Können zielt auf eine optimale Koordination der räumlich-zeitlich-energetischen Leistungsanteile.

Timing als motorische Schlagfertigkeit.

und auch anspruchsvolle Herausforderungen mit einer Art *motorischer Schlagfertigkeit* gezielt zu antworten. Über den Erfolg der Leistungserbringung entscheidet schliesslich die graduelle Qualität der technischen Entwicklung. Diese wird im technischen Konzept – im Sinne eines technischen Anforderungsprofils – als kontinuierlicher Weg vom Kernkonzept über das Formkonzept zum Gestaltungskonzept vorgezeichnet. Dabei interessiert folgende Frage:

> **Welche leistungsbestimmenden Kernelemente gilt es mit welchem Mix zu Kernbewegungen oder zu fertigkeitsspezifischen Kernmustern (Kernformen) zusammenzufügen?**

An diesen genannten Referenzwerten orientiert sich die systematische und nach der Kernausbildung auch die sportartspezifische (Leistungs-)Förderung, die im Rahmen einer (pädamotorischen) Übersicht über die Leistungsentwicklung

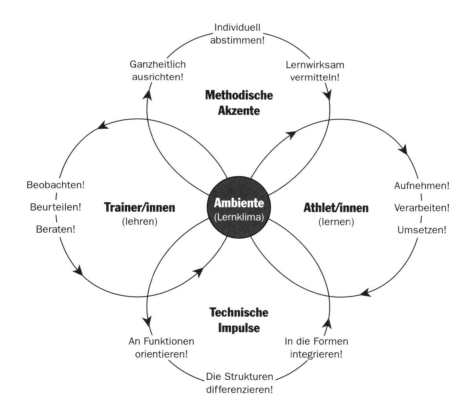

Das pädamotorische Handlungsmodell (ergänzte Variation der Erstveröffentlichung in: SIVS: «Schneesport Schweiz – Die Kernkonzepte», 1998): Der Dialog zwischen Trainer/in und Athlet/in dient dem Austausch von lernrelevanten Informationen und Erfahrungen.
Die «methodischen Akzente» zielen auf eine grössere Lernwirksamkeit der zu vermittelnden «technischen Impulse» (nach HOTZ).

zweifellos im Zentrum steht. Ohne ein technisches Konzept kann die Komplexität der Leistungserbringung weder erfasst noch dargestellt noch erläutert werden.

Wird diese Struktur des pädamotorischen Handlungsmodells auf die Leistungsentwicklung übertragen, rückt die jeweils sportartspezifische Technik als Präsentationsform ins Blickfeld. Und in jeder Sportart oder Disziplin ist die Leistungserbringung einerseits von konditionellen und koordinativen Leistungsvoraussetzungen abhängig sowie anderseits von psychischen Aspekten und von taktischen Akzenten mitbestimmt:

Die Technik ist die Präsentationsform der sportartspezifischen Aufgabenlösung.

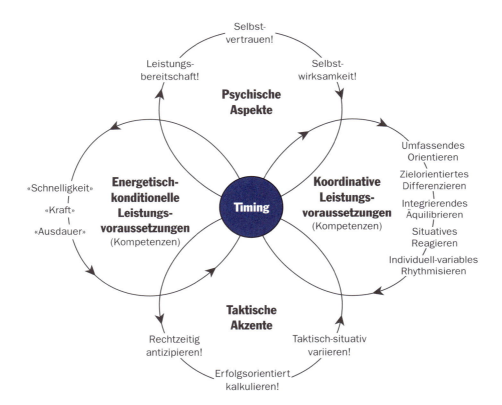

Die Vervollkommung des Timings als techno-motorische Handlungskompetenz im Spannungsfeld einerseits von konditionellen und koordinativen Leistungsvoraussetzungen sowie anderseits von psychischen Aspekten und von taktischen Akzenten (nach HOTZ).

Zur Leistungsentwicklung

Förderung des Timings im Zentrum

Wer sein Gleichgewicht auch im Ungleichgewicht dynamisch und rhythmisch akzentuiert, zur rechten Zeit an den optimalen Ort wirkungsvoll manövrieren kann, ist top!

In einer handlungswirksamen Praxisanleitung stehen jene Zusammenhänge im Zentrum, die, weil sie *leistungsrelevant* sind, auch notwendig sind, um die entsprechenden Konsequenzen für ein erfolgreiches Training ziehen zu können. Zielt somit eine pädamotorisch konzipierte Trainingslehre auf eine umfassende Qualifizierung des Sporttreibenden, kommt der Förderung des Gleichgewichts im Rahmen der koordinativen Befähigung sowie der Optimierung des Timings – auch als Gestaltungsfähigkeit im Umgang mit dem (Un-)Gleichgewicht – konsequenterweise eine massgebliche Rolle zu!

Timing kann als selbstbestimmte Gestaltungs- oder aber als fremdgeforderte Präzisionskompetenz charakterisiert werden. Dank ihr sind Sportler/innen in der Lage, zur rechten Zeit am richtigen Ort mit der optimalen Energie- und Geschwindigkeitsdosierung die gewünschte oder eben die verlangte Leistung zu erbringen. Zudem kann das Timing als Kernpotenzial der auf höchstem Niveau anzustrebenden Rhythmisierungskompetenz definiert werden (vgl. HOTZ 1997 a, 164 f.; 1999 b, 6 f.).

In seiner Kernstruktur umfasst das Timing sowohl energetisch-konditionelle als auch koordinative Anteile, die wir bezüglich ihrer zielgerichteten Wechselbeziehungen mit einer – vom pädamotorischen Handlungsmodell her vertrauten – liegenden Acht darstellen, um auch hier den Aspekt des Dialoges in der fortwährenden Aus- und Ineinandersetzung (Kommunikation) hervorzuheben (vgl. Seite 16–19):

> **Das Timing – verstanden als zentrale Handlungskompetenz – ermöglicht eine zeitliche Pünktlichkeit gegenüber einem räumlichen Punkt, und zwar in einem zeitlich-energetisch perfekt gesteuerten sowie, wenn nötig, rhythmisch akzentuierten, allseits abgestimmten leistungsgorientierten Prozess!**

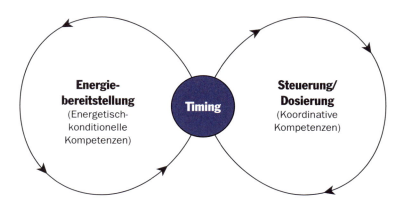

*Timing als Inbegriff techno-motorischer Handlungskompetenz ermög-
licht ein umfassendes Ordnen und Gestalten des motorischen Tuns. Das
Timing steht auch als Steuerkompetenz in einem Spannungsfeld zwischen energetisch-konditionellen und koordinativen Kompetenzen
(früher meist «konditionelle und koordinative Fähigkeiten» genannt)
und ist sowohl für die Energiebereitstellung als auch für die Steuerung
und Dosierung des Leistungsvermögens die hauptverantwortliche
integrierende Ordnungskraft. Der Kreis schliesst sich: Die Handlungskompetenz Timing ist die zentrale Ordnungs- und Gestaltungskraft
(nach HOTZ).*

Nachfolgend wird auf die Leistungsentwicklung in differenzier-
terer Form eingegangen. Neben der Frage, wie sich die Leistung
als Produkt darstellt, kann auch der Frage nachgegangen werden, welche Leistungskomponenten den Prozess bestimmen. In
diesem Fall muss immer auch ein Bezug zwischen den spezifischen Leistungsanteilen und dem Timing hergestellt werden.

*Ohne differenzierte
Orientierung im
Wissen und Können
keine optimale
Gleichgewichts-
bildung zwischen
Herausforderung und
Lösung!*

Förderung des Dialogs zwischen «Kondition» und «Koordination»

Aufgrund nachfolgender Abbildung (Seite 17) wird deutlich, dass
die situativen Anforderungen die Qualität der Energiebereitstellung bestimmen, also die zeitlich-
energetische Strukturierung des Ener-
gieflusses. Diese Art der energetischen Beschaffenheit ist aber auch
von Steuer- und Anpassungsprozessen
abhängig. Diese Äquilibrationsprozes-
se werden – in der rechten Achter-
schlaufe – mit den klassischen Funk-

*Die optimale energeti-
sche Steuerung und
die präzise Dosierung
werden durch ein
entsprechendes
Timing ermöglicht.*

> Jede Orientierung wird erst durch die situative
> Differenzierung sinnvoll, oder anders ausge-
> drückt: Jedes Gleichgewicht ist stets ein
> Produkt entsprechender Orientierungs- und
> Differenzierungsprozesse.

tionen der Koordination dargestellt. Aufbauend auf dieser dynamischen Gleichgewichtskompetenz kann dann zur rechten Zeit am richtigen Ort reagiert oder aber können die Freiräume optimal genutzt und selbstbestimmt rhythmisiert werden (vgl. Kapitel Koordination, S. 115 ff.).

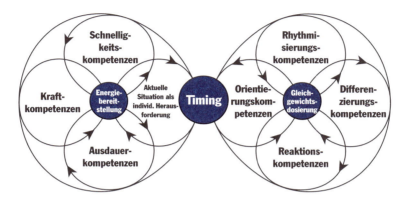

Timing steht zwischen der «Energiebereitstellung» (hier differenziert in die klassischen energetisch-konditionellen Leistungsanteile im Bezug zur aktuellen Situation als individuelle Herausforderung) sowie der «Steuerung» und der «Dosierung» (hier differenziert in die klassischen koordinativen Leistungsanteile) in einem die Leistungsqualität klar bestimmenden Spannungsfeld (nach HOTZ).

Die klassischen Konditionsfaktoren sind anforderungsprofilbestimmende Leistungsanteile mit zeitlich unterschiedlich akzentuierter Energiedosierung.

Unter dem Aspekt der optimalen Energiebereitstellung ist «Kraft» eigentlich der Oberbegriff: Eine bestimmte Kraft braucht es immer, um die physikalisch-biomechanischen Wirkkomponenten einigermassen in den Griff zu bekommen. Wie die Kraft bestimmt wird, muss als besonderer Aspekt der Energiedosierung erfasst werden. Der Aspekt der zeitlichen Dimension wird auf der Vertikalachse aufgegriffen. Braucht es über längere Zeit Kraft (Energie), werden spezielle Ausdauerkompetenzen gefordert; braucht es eher kurze, dafür aber mehr oder weniger maximale energetische Einsätze, sind die Schnelligkeitskompetenzen gefragt.

Die klassischen Konditionsfaktoren sind eine Frage der vor allem zeitlich akzentuierten und situationsbezogenen Energiedosierung!

Förderung des Dialogs zwischen «Psyche» und «Taktik»

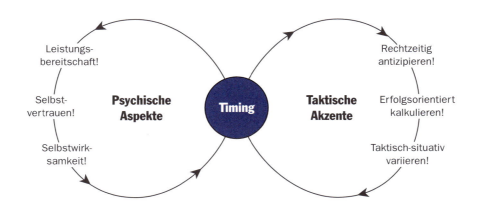

Timing im Spannungsfeld zwischen psychischen Aspekten und taktischen Akzenten: Über den Spannungsbogen der Kondition und der Koordination hinaus vereinigt die Handlungskompetenz Timing auch psychische Aspekte und taktische Akzente, die ihrerseits in einer bestimmten Wechselbeziehung stehen (nach HOTZ).

Natürlich können auch die Bereiche Psyche und Taktik genauer differenziert werden. Wie bei der Kondition (Kraft) und der Koordination (Orientierung) gibt es auch hier einen dominanten Aspekt, der durch die individuelle Auseinandersetzung mit der aktuellen Situation akzentuiert wird und relativiert werden muss (auf der Achse der liegenden Acht dargestellt).

Bei der Psyche – im Sinne einer psycho-nervalen Frische oder einer emotionalen Stabilität – ist, zumindest im Zusammenhang mit der Leistungserbringung, die Lernbereitschaft eine sehr bedeutungsvolle Voraussetzung, die von Fall zu Fall durch die aktuelle Situation nuanciert wird. So wird die Offenheit der Lernbereitschaft durch den jeweiligen Situationscharakter in bestimmte Bahnen gelenkt. Um dann in dieser Situation optimal handlungswirksam agieren zu können, braucht es Selbstvertrauen als innere Voraussetzung sowie Durchsetzungsvermögen («Selbstwirksamkeit») als effiziente Realisierungskompetenz.

Taktik ist stets Ausdruck souveräner Situationsgestaltung!

Antizipieren erfüllt stets eine Frühwarnfunktion: Durch Antizipation kann Zeit gewonnen und dadurch wiederum können Alternativen bereitgestellt werden.

Taktisches Verhalten verlangt *Antizipation* als unabdingbare Voraussetzung, nicht nur in Spielsportarten! Antizipation und Alternativen haben auch für Sportler/innen den positiven Effekt, für die künftige Situationsbewältigung besser gerüstet zu sein, wenn sie, dank erfolgsorientiertem Kalkulieren, den Gegner/innen zuvorkommen können. Dabei spielt eine wichtige Persönlichkeitsdimension, nämlich die *Entscheidungskompetenz*, eine leistungsbestimmende Rolle. Bei taktischen Entscheidungen gilt es stets, psychische, energetisch-konditionelle sowie koordinative Dimensionen resp. ihre Folgeaspekte mitzuberücksichtigen.

> **Nur wer unter situationsadäquaten Alternativen auswählen und sich dann zieloptimierend entscheiden kann, wird erfolgreich sein können!**

Förderung des Dialogs zwischen «technischer Gestaltungskompetenz» und «Orientierungswissen»

Dank Orientierungswissen kriteriengeleitete Entscheidungen fällen!

Das leistungsbestimmende Können, zusammenfassend im Timing ausgedrückt, entspricht im engeren Sinne einer «technischen Gestaltungskompetenz». Diese pflegt – gewissermassen im Hinterkopf – einen Dialog mit dem Orientierungswissen, das auch die relevanten Entscheidungskriterien zur Verfügung stellt.

Dieses Orientierungs-, Referenz- oder Hintergrundwissen kann je nachdem von sozial- und/oder naturwissenschaftlichen Erkenntnissen geäufnet werden. Es ermöglicht ein theoriegeleitetes Handeln in der praktischen Umsetzung. Praxisrelevantes Wissen ist also situativ-variabel abrufbar, wozu vor allem unser Kapitel «Trainingsrelevantes Orientierungswissen zur Leistungsentwicklung im Spannungsfeld zwischen Energie und Steuerung. Naturwissenschaftliche Grundlagen für die Trainingslehre» dienen soll.

Trainingsrelevantes Orientierungswissen für Trainer/innen und Sportler/innen bereitstellen!

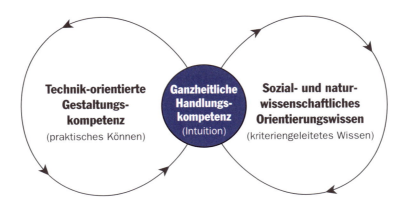

Der Dialog zwischen technikorientierter Gestaltungskompetenz sowie sozial- und naturwissenschaftlichem Orientierungswissen optimiert die ganzheitliche Handlungskompetenz (nach HOTZ).

Orientierungswissen

Dank profundem
Orientierungswissen
können Trainings-
prozesse umfassender
und verantwortungs-
voller gesteuert
werden!

Bild: Robert Bösch

Naturwissenschaftliche Grundlagen für die Planung und Gestaltung des Trainings

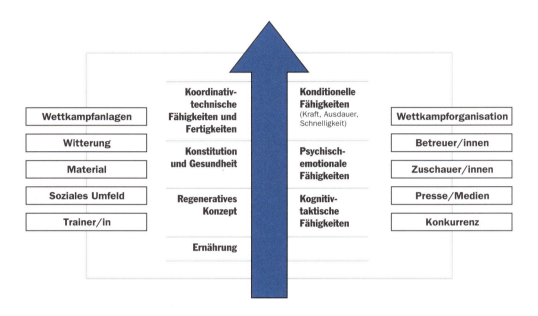

Wettkampfanlagen	Koordinativ-technische Fähigkeiten und Fertigkeiten	Konditionelle Fähigkeiten (Kraft, Ausdauer, Schnelligkeit)	Wettkampforganisation
Witterung	Konstitution und Gesundheit	Psychisch-emotionale Fähigkeiten	Betreuer/innen
Material			Zuschauer/innen
Soziales Umfeld	Regeneratives Konzept	Kognitiv-taktische Fähigkeiten	Presse/Medien
Trainer/in			Konkurrenz
	Ernährung		

Leistungen im Sport werden von vielen Komponenten beeinflusst (nach HEGNER).

Was braucht es aus biologischer Sicht für eine möglichst hohe Lebensqualität?

Durch sportliche Aktivitäten können wir unter anderem einen Teil des natürlichen Bewegungs-, Leistungs- und Lernbedürfnisses befriedigen.

Jeder Mensch braucht für eine harmonische psycho-physische Entwicklung und Reifung im Kindes- und Jugendalter und für die Erhaltung seiner Leistungsfähigkeit und Belastbarkeit bis ins Seniorenalter entsprechende Reize. Diese kann der Sport vermitteln, wenn er sinnvoll und altersgerecht betrieben und variationsreich gestaltet wird.

Wir können jede körperliche Aktivität unter dem Aspekt des Bewegungsapparates, dem Aspekt der Energie und dem Aspekt der Steuerung betrachten.

Die Energie liefert der Stoffwechsel, für die Steuerung ist das Nervensystem zuständig.

Der Bewegungsapparat verrichtet die Arbeit

Der Bewegungs- und Stützapparat besteht aus aktiven und passiven Strukturen. Die aktiven Strukturen sind die Muskeln. Sie verrichten, Motoren vergleichbar, mechanische Arbeit, indem sie sich verkürzen und Kraft generieren, Drehmomente erzeugen und Widerstände überwinden.

Zu den passiven Teilen gehören die Knochen- und Knorpelstrukturen sowie die Bänder.

Der Stoffwechsel liefert die Energie

Wenn sich die Muskelfasern kontrahieren, wird chemische in mechanische Energie umgewandelt.

Ohne ATP läuft nichts!

Die Muskeln sind auf Kraftproduktion spezialisierte, komplexe Organe. Sie enthalten chemische Energie in Form von Phosphatverbindungen (ATP = Adenosin-Tri-Phosphat und KP = Kreatin-Phosphat). Bei der Umwandlung in mechanische Energie zerfallen die ATP-Moleküle in ADP+P (= Adenosin-Di-Phosphat + eine freie Phosphatgruppe).

Die Energie für die Wiederaufbereitung des ATP aus ADP und organischem Phosphat (P) liefert der Energiestoffwechsel. – Jede Muskelfaser ist selber dafür besorgt, dass immer genügend ATP vorhanden ist.

Das Nervensystem führt die Regie

Das Nervensystem steuert und kontrolliert alle Bewegungen. Die Muskeln, ihre Sehnen und die Gelenke mit ihren Bändern sind mit Sensoren ausgerüstet. Diese informieren das Zentrale Nervensystem ständig über die Länge der Muskeln, den Zustand der Sehnen und die Stellung der Knochenverbindungen.

Zielmotorik und Stützmotorik

Menschliche Bewegungen enthalten stets statische und dynamische Komponenten. Sie kommen zustande, wenn sich die Agonisten (auch Synergisten) mit fein abgestimmtem Krafteinsatz kontrahieren, während die Antagonisten mit genau dosiertem Widerstand nachgeben.

Die bewusst gesteuerten motorischen Handlungen, die nach aussen gerichtet sind (Zielmotorik), werden von unbewusst ablaufenden Prozessen im Nerv-Muskel-System begleitet. Diese dienen der Erhaltung der Statik und der Sicherung des Gleichgewichts (Stützmotorik).

Alle Organe leisten beim Sporttreiben ihren Beitrag

Sportliches Handeln wird durch eine gut koordinierte Zusammenarbeit der Organe und Organsysteme ermöglicht.
Alle Organe sind beteiligt: Im Vordergrund stehen die Steuerungs- und Regulationssysteme (das zentrale und das periphere Nervensystem, das autonome Nervensystem und das endokrine System), der Bewegungsapparat, insbesondere die Muskulatur mit ihren kontraktilen und metabolischen Funktionen, das Atmungssystem und das Blut sowie das Herz-Kreislauf-System.

Das zentrale
Nervensystem

Das Nervensystem besteht aus Gehirn und Rückenmark, dem zentralen Nervensystem (ZNS) sowie den Hirn- und Spinalnerven und den peripheren Ganglien, die das periphere Nervensystem (PNS) bilden.
Im ZNS werden die «Entschlüsse» gefasst, die Programme für die Steuerung entwickelt und die motorischen Handlungen ausgelöst.
Das ZNS koordiniert und reguliert den Einsatz der Muskeln für die Ziel- und für die Stützmotorik.
Das Nervensystem transportiert seine Signale mittels elektrischer Impulse (Aktionspotentiale) entlang den Axonen. Die Erregungsübertragung von einer Nervenfaser auf andere Nervenfasern und von den Nervenfasern auf die Muskelfasern erfolgt an den Synapsen durch chemische Substanzen (Transmitter).

Für eine optimale Bewegungsregulation ist der Mensch angewiesen auf:
- die im Gehirn gespeicherten Informationen, die Bewegungsprogramme (Motorische Kernmuster),
- die Reflexe, welche über einfache Schaltungen im Rückenmark automatisch ablaufen,
- die Wahrnehmungen durch den visuellen, den vestibulären und den akustischen Analysator,
- die Tiefensensibilität (Rückmeldungen aus den Muskelspindeln, den Golgy-Sehnenorganen und den Gelenksrezeptoren) und
- die Afferenzen aus der Haut (taktile Wahrnehmung über die Berührungs-, Druck- und Vibrationsrezeptoren).

Das vegetative Nervensystem ist autonom. Seine Kerne und Ganglien liegen teils innerhalb und teils ausserhalb des ZNS. Das vegetative Nervensystem innerviert u.a. die glatte Muskulatur des Verdauungstraktes und der Blutgefässe. Es reguliert die Funktionen der inneren Organe, es besorgt die Umstellung der Organfunktionen bei Beginn einer Belastung, und es stellt diese in der Erholungsphase wieder auf die Regeneration ein. Durch die Vermittlung über das Hormonsystem beeinflusst es u. a. auch die Aktivität der Enzyme und damit den Stoffwechsel.

Das autonome (vegetative) Nervensystem

Das Hormonsystem (endokrine System) reguliert gemeinsam mit dem vegetativen Nervensystem die Aktivität der Zellen, Organe und Organsysteme. Es übermittelt seine chemischen Signale zum grossen Teil via Blutbahn an die Zielorgane. Seine Botschaften können von allen Zellen empfangen werden, die über die entsprechenden Hormon-Rezeptoren verfügen.

Das Hormonsystem

Die aktiven und passiven Strukturen des Bewegungsapparates stehen im Zentrum des Geschehens. Alle Teile passen sich den Belastungen an, wobei zu beachten ist, dass die passiven Strukturen auf Trainingsreize wesentlich träger reagieren als die Muskeln.

Der Bewegungsapparat

Alle Zellen des Organismus benötigen für ihre Leistungen Energie. Grosse Energiemengen werden bei körperlicher Arbeit durch die Muskelfasern umgesetzt.
Die Muskelfasern decken ihren Energiebedarf (wie alle Körperzellen) mit Hilfe des Energiestoffwechsels selbständig. Verantwortlich dafür sind die Enzyme, welche die biochemischen Reaktionen katalysieren.
Der Stoffwechsel ermöglicht auch die Anpassungen des Organismus an Belastungen: Das subtile Gleichgewicht zwischen aufbauenden und abbauenden Prozessen in den Zellen und Geweben wird als Homöostase bezeichnet. Durch (Trainings-)Belastungen kommt es zu Störungen dieses Gleichgewichts (zu Homöostase-Störungen). Die betroffenen Zellen beantworten solche Störungen in der Regel durch einen verstärkten Aufbau von Reserven und/oder durch eine Intensivierung der Biosynthese von Struktur- und Funktionseiweissen.

Der Stoffwechsel

| Das Herz-Kreis-lauf-System | Das Herz-Kreislauf-System versorgt die Muskelfasern (und alle anderen Organe) mit Sauerstoff sowie mit den Betriebs- und Baustoffen, mit Wasser, mit Elektrolyten, mit Vitaminen und mit den hormonellen Informationen. |

Das Herz-Kreislauf-System versorgt die Muskelfasern (und alle anderen Organe) mit Sauerstoff sowie mit den Betriebs- und Baustoffen, mit Wasser, mit Elektrolyten, mit Vitaminen und mit den hormonellen Informationen.

Es entfernt die End- und Zwischenprodukte des Stoffwechsels und führt sie zur Wiederaufbereitung den Stoffwechselorganen (z.B. der Leber) oder zur Entsorgung den Ausscheidungsorganen (den Nieren) zu.

Überdies erfüllt das Herz-Kreislauf-System eine wichtige Aufgabe im Dienste der Temperatur-Regulation.

Das Lymphsystem

Das Lymphsystem bildet neben dem Blutkreislauf ein zusätzliches Abflusssystem. Es nimmt im Gewebe Flüssigkeit und bestimmte Stoffe aus dem Extrazellulärraum auf und leitet sie in die Blutbahn zurück. In die Lymphgefässe sind Lymphknoten eingebaut, die bestimmte Bestandteile zurückhalten und abbauen. Sie spielen eine wichtige Rolle bei der Infektionsabwehr. Im Magen-Darm-Trakt nimmt das Lymphsystem Fette auf.

Die Lungen

In den Lungenalveolen findet der Gasaustausch (Sauerstoffaufnahme und Kohlendioxidabgabe) statt.

Das Blut

Im Blut binden die roten Blutkörperchen die Atemgase. Sie transportieren den Sauerstoff zu den Muskelfasern und den andern Körperzellen.

Das Blut übernimmt im Gewebe das Kohlendioxid, das als Stoffwechsel-Endprodukt anfällt, und transportiert es zu den Lungen. Bestimmte Blutbestandteile sind für die Neutralisierung (Pufferung) von Säuren (z. B. Milchsäure) und damit für die Aufrechterhaltung des Säure-Basen-Gleichgewichts verantwortlich. Neben den Atemgasen werden über die Blutbahn auch die Nährstoffe und andere lebenswichtige Verbindungen transportiert: die hormonellen Signale, die Zellen und Antikörper des Immunsystems, die Blutplättchen, die den Wundverschluss ermöglichen, sowie diverse Produkte des Stoffwechsels.

Der Magen-Darm-Trakt dient der Aufnahme von Bau- und Betriebsstoffen sowie von Wasser und anderen Substanzen, die für den Muskelstoffwechsel und für alle anderen biochemischen Prozesse im Organismus notwendig sind (Mineralstoffe, Elektrolyte und Vitamine).

Der Verdauungstrakt

Der Organismus verfügt über mehrere Systeme, die der Abwehr von Krankheitserregern dienen. Das Immunsystem ist auch bei Trainings- und Wettkampfbelastungen involviert.

Das Immunsystem

Der Bewegungsapparat sorgt für Stabilität und für Flexibilität

Muskeln sind darauf spezialisiert, chemische Energie in mechanische Energie umzuwandeln.

Der Bewegungsapparat nimmt Stütz- und Haltefunktionen wahr und ermöglicht zielgerichtete Bewegungen.

Die Muskeln sind die Motoren des Bewegungsapparates

An der Produktion von Muskelkraft sind immer neuronale und muskuläre Komponenten beteiligt.
Die Muskeln bestehen aus kontraktilen und elastischen Komponenten und können statische und dynamische Arbeit leisten.

Arbeitsweisen der Skelettmuskeln

Statische Arbeit	**Dynamische Arbeit**
• Der Widerstand wird nicht überwunden, es kommt zu keiner Bewegung, der Muskel arbeitet isometrisch.	• Dynamisch-konzentrische, überwindende Arbeit → Widerstand < Kraft • Dynamisch-exzentrische, nachgebende, bremsende Arbeit → Widerstand > Kraft

Jede Muskelfaser wird von einem Nerv (Motoneuron) innerviert, und die Aktivität der Muskeln wird durch Sensoren, die Propriorezeptoren (Muskelspindeln und Golgy-Sehnenorgane), überwacht (vgl. Abb. Seite 45).

Durch Krafttraining werden neuronale und muskuläre Anpassungen provoziert.

Dank den neuronalen Anpassungen kommt es zu einer Optimierung der neuromuskulären Koordination (Innervations- und Rekrutierungsfähigkeit, inter- und intramuskuläre Koordination).

Durch die muskulären Anpassungen kommt es zu strukturellen (die Struktur, z. B. den Querschnitt betreffenden) und zu funktionellen (den Stoffwechsel betreffenden) Veränderungen.

Die Skelettmuskulatur bildet ein komplexes Organsystem!

Die Muskelmasse umfasst beim Säugling ca. 20%, bei erwachsenen Frauen ca. 35% und bei jungen Männern ca. 40–50% des Körpergewichts.

Die Skelettmuskulatur bildet das grösste Organsystem des menschlichen Körpers. Sie erfüllt als aktiver Teil des Bewegungsapparates primär Halte- und Bewegungsfunktionen. Sie schützt den passiven Bewegungsapparat und hält ihn zusammen. Sie prägt das Erscheinungsbild des Menschen wesentlich mit.

Zur Deckung des Energiebedarfs dient den Muskelfasern der Stoffwechsel. Je nach Intensität der zu leistenden Arbeit werden verschiedene Energiequellen genutzt.

Als grosses Stoffwechselorgan hat die Muskulatur eine wichtige thermoregulative Bedeutung: Rund 80% der im Muskelstoffwechsel «erzeugten» Energie wird in Form von Wärme frei.

Agonisten und Antagonisten bilden eine Koordinationsgemeinschaft!

Agonisten und Antagonisten arbeiten eng zusammen:

Agonisten sind Muskeln, die in die Hauptbewegungsrichtung wirken.

Antagonisten sind Muskeln, die gegen die Bewegungsrichtung wirken. Sie leisten als Gegenspieler der Agonisten einen wichtigen Beitrag zur Realisierung einer Bewegung.

Die Agonisten und die Antagonisten sind gleichberechtigte Partner. Sie übernehmen bei der Ziel- und Stützmotorik abwechslungsweise die Führungsrolle.

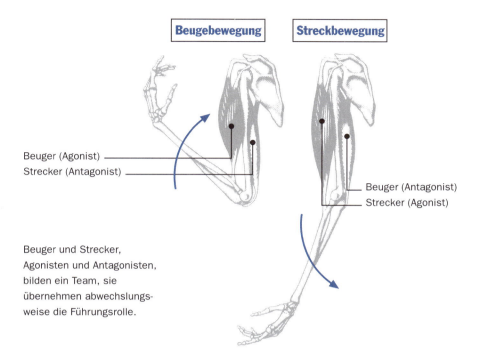

Beuger (Agonist)
Strecker (Antagonist)

Beuger (Antagonist)
Strecker (Agonist)

Beuger und Strecker,
Agonisten und Antagonisten,
bilden ein Team, sie
übernehmen abwechslungs-
weise die Führungsrolle.

Muskeln, die im Rahmen einer Muskelschlinge gleichgerichtete
Arbeit verrichten, werden auch als Synergisten bezeichnet.

**Muskelschlingen sind die grossen Funktionseinheiten des
Bewegungsapparates**

Die Muskeln einer Schlinge
sind als Synergisten streckend,
beugend oder fixierend an
einer Bewegung beteiligt.

Im Krafttraining beachten:

Nicht in erster Linie einzelne
Muskeln, sondern ganze
Funktionsgruppen (Muskel-
schlingen) trainieren.

So erfüllen die Muskeln ihre Aufgaben
Jeder Skelettmuskel wird von einer Bindegewebshülle begrenzt
und besteht aus zahlreichen Muskelfaserbündeln.

Skelettmuskel: viele Muskelfaserbündel

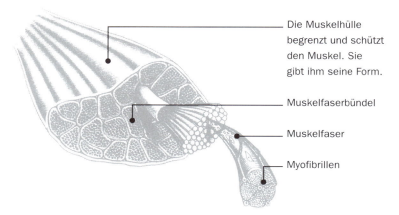

Die Muskelhülle begrenzt und schützt den Muskel. Sie gibt ihm seine Form.

Muskelfaserbündel

Muskelfaser

Myofibrillen

Die Kontraktionsarbeit wird innerhalb der Muskelfasern von den Myofibrillen erbracht. Diese verlaufen parallel zur Längsachse der Muskelfaser. Sie bestehen aus Tausenden von Sarkomeren, die in Serie geschaltet sind und im Ruhezustand eine Länge von ca. 2,2 µm haben.

Mikroskopische Struktur der Muskelfaser

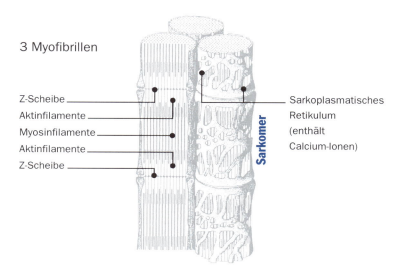

3 Myofibrillen

Z-Scheibe
Aktinfilamente
Myosinfilamente
Aktinfilamente
Z-Scheibe

Sarkomer

Sarkoplasmatisches Retikulum (enthält Calcium-Ionen)

Die Sarkomere sind die kontraktilen Einheiten der Myofibrillen. Sie werden von den Z-Scheiben begrenzt. In diesen sind die Aktinfilamente mit ihren Tropomyosin-Troponinmolekülen verankert.

In der Mitte der Sarkomere liegen die Myosinfilamente. Jedes Myosinfilament besteht aus einem Bündel von Proteinfäden und trägt etwa 300 Myosinköpfe.

Die Aktinfilamente bestehen aus einer Kette von kugelförmigen Proteinmolekülen.

Die Aktin- und Myosinfilamente sind parallel angeordnet. Je sechs Aktinfilamente umgeben ein Myosinfilament. Aktin- und Myosinfilamente überlappen sich im Ruhezustand teilweise.

Bei der Muskelkontraktion werden die Aktinfilamente durch die Myosinköpfe gebunden und zwischen die Myosinfilamente zur Sarkomermitte gezogen. Dadurch verkürzen sich die Sarkomere teleskopartig.

Muskelkontraktion: Filamentgleiten

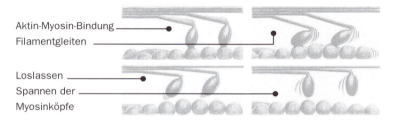

Aktin-Myosin-Bindung
Filamentgleiten

Loslassen
Spannen der
Myosinköpfe

Muskelkontraktion = Interaktion kontraktiler Proteine: Verkürzung der Sarkomere durch Filamentgleiten.

Bei der Erschlaffung einer Muskelfaser lösen sich die Myosinköpfe von den Aktinfilamenten, und diese gleiten passiv zwischen den Myosinfilamenten in die Ruhelage zurück.

Die Myosinköpfe benötigen für ihre Arbeit chemische Energie in Form von ATP. Sie sind die Träger des ATP-spaltenden Enzyms, der Myosin-ATPase. Dieses Enzym wird durch die Berührung mit dem Aktinfilament aktiviert (vgl. Abb. Seite 39), so dass es vom ATP eine Phosphatgruppe abtrennen kann.

Je mehr Myosinköpfe, desto mehr Power!

Je mehr Myosinköpfe aktiv sind, desto mehr ATP wird umgesetzt und desto grösser ist die Leistung, welche von der Myofibrille erbracht wird.

Das Muskelgewebe besteht aus kontraktilen und elastischen Komponenten.

Die Aktin- und Myosinfilamente bilden den aktiven, kontraktilen Teil der Muskelfasern: Sie leisten Arbeit und nutzen dabei chemische Energie.

Die Zellmembranen, Bindegewebsstrukturen (z. B. Faszien) und gewisse Elemente des Zytoskeletts (z. B. Titinfasern) bilden die elastischen Komponenten.

Eine Zunahme der Leistungsfähigkeit beruht immer auf der Fähigkeit, mehr Myosinköpfe zu aktivieren, und weil die Myosinköpfe nur so lange arbeiten, wie ausreichend ATP zur Verfügung steht, entscheidet die Fähigkeit, ATP bereitzustellen (die ATP-Bildungsrate), über die Möglichkeit, eine hohe Leistung über längere Zeit zu erbringen.

Eine trainingsbedingte Zunahme des Muskelquerschnitts beruht immer auf einer Vermehrung der kontraktilen Proteine, der Aktin- und Myosinfilamente. Deshalb weist ein Muskel mit einem grossen Querschnitt mehr Myosinköpfe auf, und er kann mehr Kraft resp. Leistung produzieren als ein dünner Muskel mit dem gleichen Muskelfasermosaik.

Wenn ein Muskel gedehnt wird, werden nicht nur die Sarkomere, sondern auch die elastischen Komponenten gedehnt. Energie wird dabei elastisch gespeichert, wie in einer Feder, die gestreckt wird. Diese Energie kann genutzt werden, ohne dass der Stoffwechsel beansprucht wird.

Dies ist einer der Gründe, warum bei exzentrischer Arbeit (z. B. beim Bergabwärtslaufen) wesentlich weniger (chemische) Energie verbraucht wird als bei konzentrischer Arbeit (z.B. beim Treppensteigen). Den elastischen Komponenten des Muskelgewebes verdanken wir auch die Tatsache, dass wir bei exzentrischer Arbeit etwa 20% mehr Kraft zur Verfügung haben als bei konzentrischer Arbeit.

Die Motorischen Einheiten sind die muskelinternen Arbeitsgruppen

Jede Muskelfaser wird über einen Nerv (ein Motoneuron) vom Rückenmark aus angesteuert. Ein Motoneuron versorgt jedoch nicht nur eine, sondern viele (5–1500) Muskelfasern.

Ein Motoneuron mit seinem Axon und die von diesem bedienten Muskelfasern bilden zusammen die kleinste neuromuskuläre Funktionseinheit, die Motorische Einheit.

Motorische Einheiten

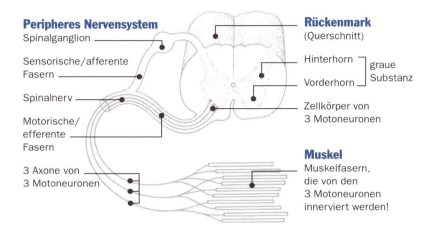

3 Motorische Einheiten. Sie bestehen aus je einem Motoneuron mit seinem Axon und den von ihm innervierten Muskelfasern.

Jeder Skelettmuskel besteht aus vielen Motorischen Einheiten. Bei andauernder Muskelarbeit lösen sich diese kontinuierlich ab: Die einen arbeiten, die andern erholen sich.

Schnelle und langsame Muskelfasern erfüllen unterschiedliche Aufgaben

Es können drei Arten von Muskelfasern unterschieden werden:

- Slow-twich-Fasern (ST- oder Typ-I-Fasern),
- Fast-twich-Fasern vom oxidativen Typ (FTO- oder Typ-II-a-Fasern) und
- Fast-twich Fasern vom glykolytischen Typ (FTG- oder Typ-II-x-Fasern).

Sie unterscheiden sich nicht nur in ihrem Kontraktionsverhalten, sondern auch darin, wie sie eingesetzt (rekrutiert) werden und wie sie ihren Energiebedarf decken.

Typ-I- und Typ-II-Fasern

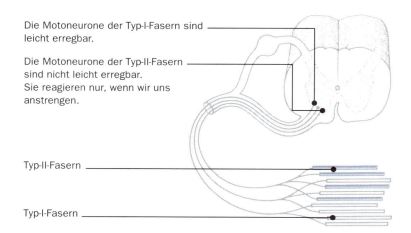

Die Motoneurone der Typ-I-Fasern sind leicht erregbar.

Die Motoneurone der Typ-II-Fasern sind nicht leicht erregbar.
Sie reagieren nur, wenn wir uns anstrengen.

Typ-II-Fasern

Typ-I-Fasern

Bezüglich der Muskelfasertypen sind die Motorischen Einheiten homogen: Es gibt Motorische Einheiten mit «langsamen» und solche mit «schnellen» Muskelfasern.

Die Motorischen Einheiten mit den Typ-I-Fasern leisten die Alltagsarbeit

Die langsamen Motorischen Einheiten sind relativ klein.
Sie haben kleine, leicht erregbare Alpha-Motoneurone und sind deshalb problemlos rekrutierbar. Sie kommen bei den normalen Alltagsbewegungen und beim Arbeiten mit relativ geringem Kraftaufwand zum Einsatz.
Sie verfügen über «langsames Myosin» und arbeiten sehr ökonomisch. Wenn sie entsprechend trainiert sind, enthalten sie viele Mitochondrien. Sie können ausdauernd arbeiten und sind in der Lage, aus dem Blut Laktat aufzunehmen und zu verwerten. Überdies zeichnen sich ausdauertrainierte Typ-I-Fasern durch einen gut ausgebildeten Fettstoffwechsel aus.

Training von grossem Umfang und geringer bis mittlerer Intensität fördert die Entwicklung der langsamen Motorischen Einheiten.

Die Motorischen Einheiten mit den Typ-II-Fasern eignen sich für Spezialeinsätze

Die schnellen Motorischen Einheiten haben grosse Alpha-Motoneurone, die nur bei hohem Krafteinsatz, bei schnellen Bewegungen und bei reaktiven Aufgaben erregt werden. Sie arbeiten nur dann, wenn wir uns anstrengen oder wenn wir überrascht werden (Reflexbewegungen).

Sie verfügen über schnelles Myosin und arbeiten relativ un-
ökonomisch, aber schnell und explosiv.

Die Typ-II-Fasern vom oxidativen Typ können relativ ausdauernd
arbeiten, während die Typ-II-Fasern vom glykolytischen Typ sehr
rasch ermüden. Durch Ausdauertraining verschwinden die
Typ-II-x-Fasern und wandeln sich in Typ-II-a-Fasern um.

Exzentrische Überbeanspruchung provoziert Muskelkater

Muskelkater beruht auf pathologischen strukturellen Veränderungen in den Muskelfasern (Mikrotraumata). Er ist in der Regel eine Folge repetitiver exzentrischer Überbeanspruchung
(Bremsarbeit, beispielsweise beim Bergabwärtsgehen). Die
Läsionen führen primär zu Schäden an den Muskelfasern und
sekundär zu einer Infiltration mononukleärer Zellen und einer
entzündlichen Reaktion im betroffenen Muskel. Die damit ver-
bundenen Schmerzen treten mit einer Verzögerung von 24–48
Stunden auf (DOMS: Delayed onset muscle soreness).

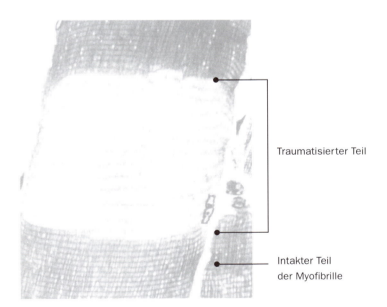

Traumatisierter Teil

Intakter Teil
der Myofibrille

Sowohl der Schaden an den Muskelfasern wie die Funktions-
einbusse scheinen in den meisten Fällen reversibel zu sein, wobei der Heilungsprozess allerdings mehrere Tage bis Wochen
beanspruchen kann.

Als Prävention ist ein sinnvoll dosiertes Training und ein sorgfältiges Tonisieren der Muskulatur vor der exzentrischen Beanspruchung zu empfehlen. Therapeutische Massnahmen wie Massage, Wärme oder leichte Bewegungen scheinen lediglich eine schmerzlindernde Wirkung zu haben.

Durch Stretching nach der Belastung, die den Muskelkater verursacht hat, kann der Schaden nicht rückgängig gemacht werden.

Der Bewegungsapparat passt sich den Anforderungen an!

Alle Teile des Bewegungsapparates passen sich – innerhalb bestimmter Grenzen – den Anforderungen an, die an sie gestellt werden.

Die Anpassungsprozesse verlaufen jedoch nicht synchron. Bei einem systematischen Training adaptieren die Muskelfasern innert wenigen Wochen. Anpassungen im Bereich der passiven Strukturen (Knochen und Knorpel sowie Sehnen und Bänder) erfordern jedoch einige Monate.

Diese Tatsache ist bei der Trainingsplanung unbedingt zu berücksichtigen. Die Belastungen müssen im optimalen Verhältnis zur Belastbarkeit stehen. Durch adäquate Ernährung und abgestimmte Dosierung von Beanspruchung und Regeneration muss die Belastungstoleranz der passiven Strukturen behutsam und langfristig aufgebaut, entwickelt und erhalten werden.

Das Ausmass körperlich-sportlicher Betätigung im Jugendalter hat einen hochrelevanten Einfluss auf die Knochendichte bei Wachstumsabschluss. Es beeinflusst das Osteoporose-Risiko auch im Seniorenalter.

> **Durch individuell angepasste Beanspruchung im Kindes- und Jugendalter kann die Entwicklung des Nerv-Muskel-Systems und des passiven Bewegungsapparates genauso optimiert werden wie die Entwicklung der inneren Organe!**

Bei ausbleibender oder reduzierter Beanspruchung verlieren die aktiven und passiven Strukturen rasch an Substanz. Die Belastungstoleranz muss deshalb nach krankheits- und verletzungsbedingten Trainingsunterbrüchen wieder sorgfältig, d.h. individuell dosiert, aufgebaut werden.

Im Seniorenalter hängen die Funktionstüchtigkeit und die Belastungstoleranz des Bewegungsapparates weitgehend von einer regelmässigen und altersgerechten Beanspruchung ab. Muskelschwund, erhöhter Knochenbrüchigkeit (Osteoporose) und anderen degenerativen Alterserscheinungen kann durch adäquate Beanspruchung im Rahmen einer regelmässigen, abwechslungsreichen und massvollen sportlichen Aktivität vorgebeugt werden.

Orientierungswissen

Respekt vor den Grenzen der Belastbarkeit!

Die Belastungstoleranz des Bewegungsapparates hat Grenzen und ist vom Alter, von der Veranlagung, vom Hormonhaushalt, von der Ernährungssituation, von der im 2. Lebensjahrzehnt «antrainierten» Knochenmasse und -dichte sowie vom Trainingszustand abhängig.

Der passive Bewegungsapparat braucht mehr Zeit, um auf Trainingsreize zu reagieren.

Innerhalb einer Schulklasse oder einer Trainingsgruppe können diesbezüglich grosse Unterschiede bestehen.

Bei allen Menschen, insbesondere bei Kindern und Jugendlichen, weist der passive Teil des Bewegungsapparates einige Schwachstellen auf, die auf keinen Fall überbeansprucht werden dürfen: die Wirbelsäule, die Wachstumsfugen, die Gelenke und die Sehnenansätze. Sie können bei Fehl- und Überbeanspruchung geschädigt werden. Darauf ist insbesondere bei Niedersprüngen sowie beim Aufheben und Tragen von Lasten zu achten.

Wirbel und Bandscheibe bilden eine funktionelle Einheit

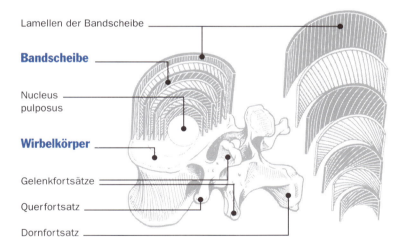

Lamellen der Bandscheibe

Bandscheibe

Nucleus pulposus

Wirbelkörper

Gelenkfortsätze

Querfortsatz

Dornfortsatz

Fehlbelastungen (z. B. durch unphysiologisches und langes Sitzen) und ein Mangel an Beanspruchung können für den Bewegungsapparat ebenso schädlich sein wie eine gelegentliche Überbeanspruchung im Sport.

«Dänk a Glänk!»

Die Gelenke bestehen aus einem Gelenkkopf und einer Gelenkpfanne. Sie werden durch die Gelenkkapsel hermetisch abgeschlossen und durch Bänder (passiv) gesichert.

Für die aktive Sicherung der Gelenke sind die gelenknahen Muskeln zuständig. Sie sind für die Stabilität der Gelenke sehr wichtig und müssen durch Krafttraining sorgfältig entwickelt werden.

Die Rotatorenmanschette stabilisiert das Schultergelenk

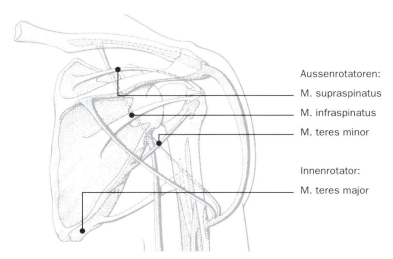

Aussenrotatoren:

M. supraspinatus

M. infraspinatus

M. teres minor

Innenrotator:

M. teres major

Rotatorenmanschette von dorsal.

Die Gelenkflächen (Gelenkkopf und -pfanne) sind von Knorpel-schichten überzogen. Wenn diese intakt und gut geschmiert sind, gleiten die Gelenkflächen praktisch ohne Widerstand auf-einander.

Der Gelenkknorpel weist zwei Nachteile auf:
• Er ist nicht an den Blutkreislauf angeschlossen. Deshalb ist die Sauerstoff- und Substratversorgung relativ schlecht und die Regenerationsfähigkeit gering.
• Er wird nicht sensorisch innerviert und kann bei Beschädigung und Abnützung nicht rechtzeitig «Alarm schlagen».

Der Gelenkknorpel wird durch die Gelenkflüssigkeit mit dem Notwendigen versorgt. Diese Flüssigkeit wird von der inneren Membran der Gelenkkapsel (Synovialmembran) produziert und in den Gelenkspalt abgegeben. Damit die Gelenkflüssigkeit die Knorpelzellen erreicht, muss das Gelenk bewegt werden, und durch Druckbelastung muss die Synovia in den Knorpel hinein-gewalkt werden.
Die Anregung der Flüssigkeitsproduktion und das Schmieren der Gelenkflächen durch Mobilisieren sowie das Einwalken durch Druckbelastung gehören zum Warming-up genauso wie zum Auslaufen.

Die (physische) Energie

Der Stoffwechsel liefert die Energie

Bei jeder Muskelkontraktion wird in den Muskelfasern chemische Energie in mechanische Energie umgewandelt. Dabei werden die (energiereichen) Phosphatverbindungen abgebaut – ATP wird zu ADP+P zerlegt.

ATP ist der universelle Energieträger

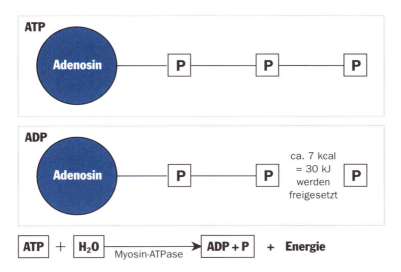

$$ATP + H_2O \xrightarrow{\text{Myosin-ATPase}} ADP + P + Energie$$

Jede Muskelfaser verfügt über ein kleines ATP-Depot. Dieses ist mit einer Batterie vergleichbar. Für die Muskelfaser ist es entscheidend, dass sich ihre «ATP-Batterie» auf keinen Fall entleert. Sobald sie Energie für die Kontraktionsarbeit abgibt, wird das anfallende ADP mit Hilfe des internen Kreatin-Phosphat-Depots (der «KrP-Batterie») zu ATP rezykliert. Die beiden «Phosphat-Batterien» könnten theoretisch den Energiebedarf der Muskelfaser für eine kurze Zeit (ca. 15 Sekunden) decken.

Ohne ATP läuft nichts!

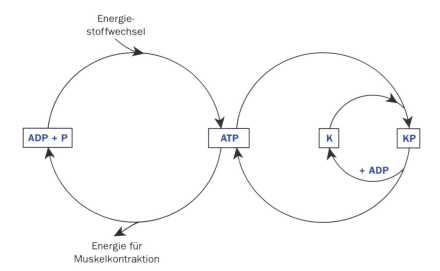

Sobald bei der Kontraktionsarbeit ATP konsumiert wird, setzen in den betroffenen Muskelfasern der Abbau von Kreatinphosphat und Glukose und (mit einer Verzögerung) auch der Abbau von freien Fettsäuren ein. Diese biochemischen Prozesse laufen nicht getrennt voneinander, sondern mehr oder weniger gleichzeitig ab. Sie sorgen dafür, dass der ATP-Speicher niemals entleert wird.

Energiegewinnung aus Glukose und Fett

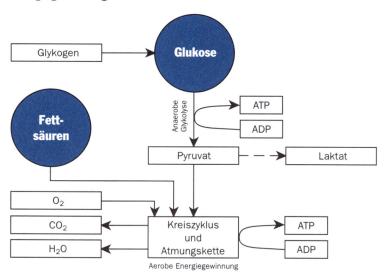

Bei Belastungen von geringer und mittlerer Intensität und ausreichender Sauerstoffversorgung decken die Muskelfasern den Energiebedarf praktisch vollumfänglich mit dem aeroben (sauerstoffabhängigen) Stoffwechsel.

Als «Verbrennungssubstrate» werden – je nach der Intensität der Beanspruchung – Glykogen und/oder freie Fettsäuren genutzt.

Entsprechend trainierte Muskelfasern können ihren Energiebedarf bei Ausdauerbelastungen zu einem grossen Teil durch die Verbrennung der Fettvorräte decken. Die Glykogenvorräte können auf diese Weise geschont werden.

Was dann, wenn wir «sauer» werden...?

Wenn wir die anaeroben Energiequellen ausschöpfen, produzieren wir Milchsäure.

Für die Energiegewinnung aus Glukose und aus freien Fettsäuren braucht es Sauerstoff. Die Skelettmuskelfasern sind jedoch unter bestimmten Voraussetzungen (wenn ihnen grosse Leistungen abverlangt werden) in der Lage, «Engpässe» in der Energieversorgung zu überbrücken, indem sie eine «Sauerstoffschuld» eingehen.

Bei Belastungen von hoher Intensität reicht der aerobe Stoffwechsel nicht aus, um den Energiebedarf vollumfänglich zu decken. Die Muskeln sind aber in der Lage, unter verstärkter Aktivierung der anaeroben Glykolyse den Energiefluss (die ATP-Bildungs-Rate) zu steigern! Sie produzieren dabei allerdings Milchsäure, und sie gehen eine Sauerstoffschuld ein, die im Anschluss an die extreme Beanspruchung wieder abgebaut werden muss.

Die Milchsäure gelangt ins Blut und kann von bestimmmten Skelettmuskelfasern und vom Herzmuskel aufgenommen und für die Energiegewinnung genutzt werden. Dadurch wird sie eliminiert. Auch die Leber beteiligt sich an der Beseitigung der Milchsäure.

Wenn bei hohen Belastungen von den Muskelfasern mehr Milchsäure produziert wird, als die erwähnten Organe abbauen können, häuft sich die Milchsäure im Blut an. Dadurch wird der Organismus «sauer».

Die bei der anaeroben Energieumwandlung frei werdenden H^+-Ionen (pH-Veränderung) hemmen in den Muskelfasern die Aktivität der Enzyme, und die akkumulierte Milchsäure im Blut zwingt uns, die Beanspruchung der Muskulatur zu reduzieren, die Leistung zu vermindern oder die Arbeit abzubrechen.

Der Stoffwechsel limitiert die Leistungsfähigkeit

Der Glukose- und Fettabbau wird durch Enzyme katalysiert. Sie sind die «Werkzeuge des Stoffwechsels». Je mehr Enzyme in den Muskelfasern zur Verfügung stehen und aktiv sind, desto mehr Energie kann pro Zeiteinheit umgesetzt werden, desto grösser ist die Leistung, die wir erbringen können.

Die Enzyme des anaeroben Stoffwechsels (anaerobe Glykolyse) sind kleine Eiweissstrukturen im Plasma der Muskelfasern, diejenigen des aeroben Stoffwechsels, des sauerstoffabhängigen Glukose- und Fettabbaus, befinden sich in den Kraftwerken der Zelle, den Mitochondrien.

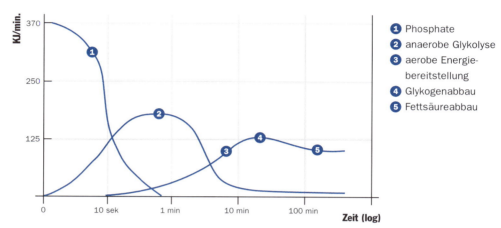

① Phosphate
② anaerobe Glykolyse
③ aerobe Energie-
   bereitstellung
④ Glykogenabbau
⑤ Fettsäureabbau

Möglichkeiten der Energiebereitstellung bei maximaler Beanspruchung in Abhängigkeit von der Zeit.

Ausdauertrainierte haben mehr und grössere Mitochondrien als Untrainierte. Sie können deshalb mehr Glukose und mehr freie Fettsäuren pro Zeiteinheit abbauen als diese. Sie können mehr Energie freisetzen, ohne dass es zu einer Sauerstoffschuld und einer Milchsäureanhäufung kommt. Eine ausdauertrainierte Person kann schneller laufen, ohne sauer zu werden, als eine untrainierte; sie hat eine grössere aerobe Leistungsfähigkeit.

Sprinter/innen und Langsprinter/innen haben eine grössere anaerobe Leistungsfähigkeit, weil sie den anaerob-laktaziden Stoffwechsel optimal aktivieren können. Sie können sehr schnell laufen, wenn sie die Konsequenzen der Laktatproduktion und der Sauerstoffschuld ertragen können.

Die Muskelfasern eines trainierten Menschen können mehr Sauerstoff aufnehmen als diejenigen eines untrainierten. Deshalb stellen sie höhere Ansprüche an die Sauerstoffversorgung. Das Herz-Kreislauf-System passt sich den erhöhten Ansprüchen bei systematischem Ausdauertraining an: Es werden in den trainierten Muskeln neue Kapillaren gebildet, so dass sie besser durchblutet werden. Auch das Herz passt sich an. Ein trainiertes Herz arbeitet in Ruhe und bei Belastung ökonomischer als ein untrainiertes. Zudem verfügt das Blut eines Trainierten über eine grössere Sauerstofftransport-Kapazität als das Blut eines Untrainierten.

Aerobe Leistungsfähigkeit = Fähigkeit, «schnell zu laufen, ohne sauer zu werden».

Anaerobe Leistungsfähigkeit = Fähigkeit, «schnell zu laufen und dabei auch die anaerobe Energiequelle zu nutzen und Milchsäure zu produzieren».

Die Präzision der Steuerung ist leistungsbestimmend

Für körperliche Aktivität ist einerseits Energie und andererseits eine präzise Steuerung notwendig. Und wie wir bereits festgehalten haben: Für die Steuerung ist das Nervensystem zuständig, die Energie liefert der Stoffwechsel.

Das Nervensystem führt Regie

Das Nervensystem plant, befiehlt, steuert und kontrolliert alle Bewegungen und sorgt gleichzeitig für die Sicherung der Statik und des Gleichgewichts. Es reguliert die Ziel- und die Stützmotorik.

Die Muskeln sind die ausführenden Organe. Sie leisten die Arbeit, indem sie chemische Energie in mechanische Energie umwandeln. Gleichzeitig informieren sie das ZNS permanent über ihren Zustand. Sie liefern dem ZNS die Referenzwerte für die Entwicklung und Anpassung der Bewegungsprogramme.

Das Nervensystem besteht aus einem zentralen Teil, dem ZNS (Gehirn und Rückenmark), und einem peripheren Teil.

Im peripheren Teil unterscheiden wir zwischen den afferenten (zum ZNS hinführenden) und den efferenten (vom ZNS wegführenden) Nervenfasern (vgl. Abb. Seite 33, 44 und 45).

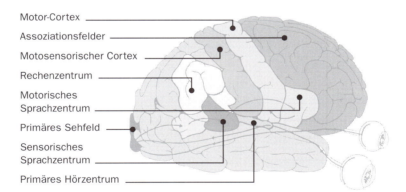

Motor-Cortex
Assoziationsfelder
Motosensorischer Cortex
Rechenzentrum
Motorisches Sprachzentrum
Primäres Sehfeld
Sensorisches Sprachzentrum
Primäres Hörzentrum

Die menschliche Grosshirnrinde umfasst etwa 14 Milliarden Nervenfasern. Jede Nervenfaser empfängt Signale von sehr vielen andern Nervenfasern und gibt ihre Signale an ebenso viele Nervenfasern weiter.

Das ZNS erstellt alle notwendigen Befehle für die Motorik mit Hilfe der gespeicherten Bewegungsprogramme. Es kontrolliert die Aktivität der Muskulatur mit Hilfe der Sinnesorgane und der Sensoren im Bewegungsapparat, und es modifiziert die Anweisungen an die Muskulatur fortlaufend anhand der Rückmeldungen aus der Peripherie.

Querschnitt durch das Rückenmark

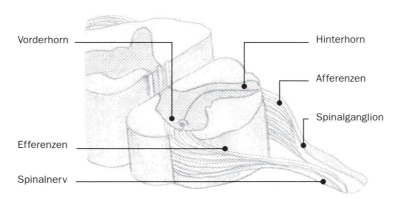

Vorderhorn — Hinterhorn

Afferenzen

Spinalganglion

Efferenzen

Spinalnerv

Damit das motorische Rindenfeld in der Grosshirnrinde präzise Befehle an die Muskulatur geben kann, muss stets eine Riesenflut von Informationen verarbeitet werden. Neben verschiedenen Arealen des Grosshirns sind an der Bewegungsregie auch Strukturen beteiligt, die unter der Grosshirnrinde liegen: die Basalganglien und das Kleinhirn.

Das Kleinhirn und die Basalganglien haben keine direkte Verbindung zu den motorischen Kernen des Rückenmarks. Sie leiten ihre Daten auf dem Weg via Thalamus zum motorischen Rindenfeld, und sie unterstützen das motorische Rindenfeld und den Hirnstamm beim Erstellen von Bewegungsprogrammen.

Die Kleinhirnschleife ist vor allem wichtig für die Steuerung schneller Bewegungen. Sie ist zuständig für die Gleichgewichtsregulation, für die unbewusste Vorausberechnung ballistischer und sequentieller Bewegungen und für die Erzeugung fliessender Bewegungen.

Auch beim Bewegungslernen durch Wiederholung scheint sie eine wichtige Rolle zu spielen.

Die Basalganglien-Thalamus-Schleife hat bei der bewussten Bewegungssteuerung und bei der räumlich-zeitlichen Skalierung der Bewegungen eine grosse Bedeutung. Die Basalganglien scheinen auch zuständig zu sein für die emotionale Einfärbung der Bewegungen, und sie sind beim kognitiv-motorischen Lernen wichtig.

Motorik und Sensorik sind untrennbar miteinander verbunden!

Alle willkürlichen Bewegungen verlangen den ständigen Vergleich der beabsichtigen, antizipierten Aktionen mit dem bereits Erreichten. Optimale Steuerung setzt ein ununterbrochenes Feedback über die Bewegungen voraus und den Vergleich dieses Feedbacks mit dem visuell oder verbal abgebildeten Leitbild (= bewusste oder unbewusste Bewegungsvorstellung) der Aktivität.

Für die Kontrolle der Motorik sind die Wahrnehmungsorgane und die Mechanorezeptoren der Oberflächen- und Tiefensensibilität sehr wichtig.

Hauptsächlich den Informationen aus den Propriorezeptoren, die ihre Signale aus dem Bewegungsapparat ins Rückenmark und zum Gehirn schicken, verdanken wir die Fähigkeit, die Bewegungsprogramme ständig zu modifizieren und die Aktivitäten der Muskeln jederzeit den Bedürfnissen anzupassen.

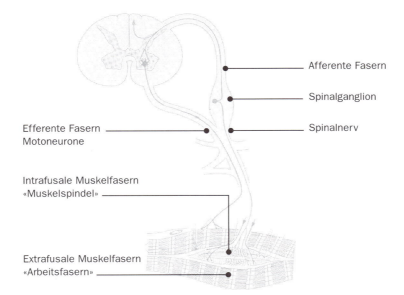

Zu den «Fern-Sinnen» zählen wir den visuellen und den akustischen Analysator (das Auge und das Ohr).

Zu den Mechanorezeptoren gehören der Vestibulär-Apparat (Gleichgewichts- und Beschleunigungssinn im Innenohr), die Berührungs-, Vibrations- und Druckrezeptoren der Haut und die Propriorezeptoren (Muskelspindeln, Golgi-Sehnenorgane und Gelenksensoren). Diese liefern dem ZNS präzise Informationen über äussere und innere Kräfte sowie über Längen und Längenveränderungen, Spannungen und Spannungsveränderungen in den Muskeln und Sehnen und schliesslich auch über die Stellungen und Bewegungen der Gelenke.

Schliesslich verdankt das ZNS bestimmten Chemo- und Schmerzrezeptoren alle wichtigen Informationen über die Zustände und Veränderungen im Bewegungsapparat.

Milliarden von Nervenzellen sind an der Aufnahme, Weiterleitung, Verarbeitung und Speicherung der erwähnten Informationen beteiligt. Für die Bewegungskoordination sind sie absolut unentbehrlich.

> **Das Nervensystem, die Muskeln und die erwähnten Sensoren im Bewegungsapparat bilden eine untrennbare Funktionsgemeinschaft, das neuromuskuläre System.**

Ohne Befehle aus dem Rückenmark kontrahiert keine einzige Muskelfaser, und ohne präzise Rückmeldungen kann das ZNS keine präzise Koordinationsarbeit leisten.

Die Reflexe sind schneller als der Verstand

Der Weg für Informationen aus den Propriorezeptoren via Rückenmark zum Gehirn und zurück ist relativ lang.

Damit die Muskulatur in kritischen Situationen sofort reagieren kann, werden einfache Reaktionen auf unerwartete äussere Einflüsse ohne Beteiligung des Gehirns über monosynaptische und polysynaptische Reflexe im Rückenmark ausgelöst.

Der Reflexbogen

Die Eigenreflexe sind monosynaptisch. Zu ihnen gehört der Dehnreflex, der – z. B. bei Landungen nach Niedersprüngen – für eine optimale Aktivierung der bremsenden Muskelschlinge sorgt.

Die Fremd- oder Schutzreflexe sind polysynaptisch. Sie werden z. B. beim Berühren einer heissen Herdplatte ausgelöst.

Was geschieht beim Training aus naturwissenschaftlicher Sicht?

Der Organismus gehorcht den Gesetzen der Natur

Die Organe haben die Fähigkeit, sich im Rahmen bestimmter Grenzen den Anforderungen anzupassen.

Morphologische Veränderungen sind Veränderungen, welche die Struktur, die Grösse, die Form, das Gewicht der entsprechenden Organe betreffen.

Dies geschieht in einem komplexen, interaktiven Prozess durch *morphologische* und gewebliche Veränderung am Bewegungsapparat und an den inneren Organen sowie durch die Optimierung der *funktionellen* Leistungen und des Zusammenspiels der Organe.

Die Anpassungen führen zu einer Zunahme der Leistungsfähigkeit und der Belastungstoleranz

Auslösend für die Adaptation wirken «Trainingsreize». Die Reaktion des Organismus ist spezifisch, d. h. abhängig von der Art (Qualität) der Reize, von deren Stärke und Dauer.

Die Anpassungen erfolgen nach dem Ökonomisierungsprinzip biologischer Systeme: Es wird mit möglichst geringem Aufwand eine optimale Funktion erzielt.

Funktionelle Adaptationen sind Anpassungen bezüglich der Funktion der betroffenen Systeme: z. B. erhöhte Enzymaktivität und dadurch erhöhte Stoffwechselleistung.

Lokale Anpassungen

Wenn einzelne Muskeln trainiert werden, kommt es zu lokalen Anpassungen: Das Kraftpotenzial, die Durchblutung, die anaerobe oder aerobe Energiebereitstellung werden im trainierten Muskel optimiert.

Globale Anpassungen

Wenn der grössere Teil des Organismus (mehr als 20% der Muskelmasse) regelmässig über längere Zeit verstärkt beansprucht wird, passen sich nicht nur die einzelnen Muskeln, sondern der ganze Organismus, insbesondere auch das Herz-Kreislauf-System und die oben erwähnten Regulationssysteme an die erhöhten Anforderungen an.

Damit wird die Zusammenarbeit der verschiedenen Organsysteme ökonomischer und effizienter.

Kleine – unterschwellige – Reize bewirken nichts, mittelstarke wirken erhaltend oder fördernd und überstarke schädigend. Die beste Wirkung ist von Trainingsreizen zu erwarten, die optimal auf die individuellen Voraussetzungen des Trainierenden abgestimmt sind.

> **Die trainingsbedingten Anpassungen der inneren Organe sind für die Gesundheit, für die Leistungsfähigkeit des Organismus und für die Lebensqualität sehr wichtig!**
>
> **Zwischen Belastung, Erholung und Anpassung bestehen gesetzmässige Beziehungen, die es im Training zu beachten gilt!**

Der individuelle adäquate Trainingsreiz

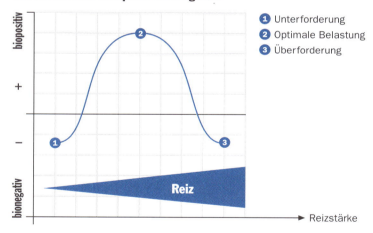

1 Unterforderung
2 Optimale Belastung
3 Überforderung

Neben den Anpassungen im physischen Bereich können im Trainingsprozess auch psychische Zustandsveränderungen stattfinden. So können volitive Fähigkeiten (= Wille) den Trainierenden in die Lage versetzen, das Leistungspotenzial besser zu mobilisieren, zu nutzen und auszuschöpfen (vgl. Kapitel Psychische Akzente, S. 139 ff!).

Nach wie vor entscheidend: die Dosis!

Anpassungsvorgänge werden nur dann ausgelöst, wenn die Reize eine bestimmte Intensität und einen bestimmten Mindestumfang erreichen. Ein grosser Reizumfang ohne die erforderliche Intensität führt ebensowenig zu Anpassungen wie intensive Reize von zu geringem Umfang.

> **Bei der Dosierung der Trainingsreize ist es entscheidend, dass die Belastungen den individuellen Voraussetzungen angepasst werden!**

Bei der Wahl der Trainingsreize sind die Belastungstoleranz, die momentane Leistungsfähigkeit und die Leistungsbereitschaft sowie die Regenerationsmöglichkeiten und das Anpassungspotenzial des Trainierenden zu berücksichtigen.

Die Anpassungsprozesse werden durch verschiedene Faktoren beeinflusst. Es sind dies einerseits endogene Komponenten wie Alter, Geschlecht, belastetes System, biorhythmische Faktoren, psychische Begleitfaktoren und der Trainingszustand.
Zu den exogenen, Faktoren gehören die Art der Belastung, erholungsfördernde regenerative Massnahmen, leistungsadäquate Ernährung, Trainingsmethoden, -inhalte und -mittel, psychische und soziale Faktoren sowie das Klima.

Je mehr sich die Beanspruchung (der Trainingsreiz) einem Optimalwert annähert, desto eher kann mit den gewünschten Anpassungsprozessen gerechnet werden (siehe Grafik). Je weiter die Belastungsgrössen vom Optimalwert entfernt sind – geringere oder auch grössere Belastungen –, desto geringer ist die Trainingswirkung.

Die Grenzen der Belastbarkeit müssen unter allen Umständen respektiert werden. Der Organismus soll nicht unterfordert und darf auf keinen Fall überfordert werden.
Die Anpassung der Belastungen an die individuellen Voraussetzungen und Bedürfnisse der Trainierenden ist sehr wichtig.

Ohne Superkompensation keine Leistungssteigerung

Die Anpassungsprozesse sind das Ergebnis eines optimalen Wechsels von Beanspruchung und Erholung.

Anabol = aufbauend, katabol = abbauend.
Wenn sich der Organismus auf eine bestimmte Situation eingestellt hat, halten sich anabole und katabole Vorgänge im Gleichgewicht (Homöostase). Trainingsreize stören die Homöostase. Unter der Belastung überwiegen die katabolen Vorgänge, und es kommt zu einem Substanzverlust. Solche Signale werden vom Organismus durch eine Steigerung der anabolen Vorgänge beantwortet (verstärkter Substanzaufbau). Die Adaptationsprozesse zielen darauf ab, die Strukturen beim Wiederauftreten der erfahrenen Beanspruchung vor einer erneuten «übermässigen» Ausschöpfung der Potenziale zu schützen.

**Optimale Relation
von Belastung und Erholung**

1 Belastung
2 Ermüdung
   (Homöostase-
   störung,
   katabole Phase)
3 Regeneration
   (anabole Phase)
4 idealer Zeitpunkt
   für den nächsten
   Trainingsreiz

Die Anpassungsprozesse vollziehen sich in der Erholungsphase. Im Rahmen der Regeneration werden nicht nur die verbrauchten Energiequellen erneuert, sondern es erfolgt eine Wiederherstellung über das Ausgangsniveau hinaus. Es kommt zu einer Überkompensation (Superkompensation).
Es darf angenommen werden, dass jede dem Optimum angenäherte Belastung (Überkompensations-)Spuren hinterlässt; aber erst durch die Summierung nicht unmittelbar nachweisbarer Trainingseffekte erfolgt in bestimmten Zeitabständen eine (oft sprunghafte) Leistungssteigerung.

> **Belastung und Erholung bilden eine Einheit, und die Erholung muss genauso sorgfältig geplant und gestaltet werden wie Trainingsbelastungen.**

Mit der Zeit verliert jeder Trainingsreiz seinen Reiz!

Die Anpassungsprozesse lassen die Trainierenden nicht nur höhere Leistungen erreichen, sie erweitern auch die physische und psychische Belastbarkeit. Unverändert bleibende Belastungen sind leichter als zuvor zu bewältigen, sie verursachen eine geringere Ermüdung, und sie vermögen mit der Zeit keine Homöostase-Störung mehr zu erzeugen. Die Trainingswirkung von Standardbelastungen verringert sich immer mehr, und diese können schliesslich nur noch zur Erhaltung eines bestimmten Trainingszustandes beitragen. Wenn wir unsere Leistungsfähigkeit nicht nur erhalten, sondern auch steigern wollen, müssen wir die Trainingsmittel und -Methoden planmässig variieren und die Intensität und/oder den Umfang nach und nach erhöhen.

Summierung von Trainingseffekten

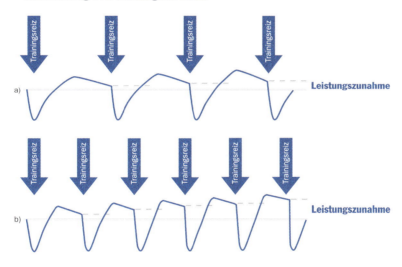

Weil sich Superkompensationseffekte allmählich wieder zurückbilden, ergibt sich bei langem Intervall (a) ein geringerer Leistungszuwachs als bei kürzeren Zeitabständen zwischen den Trainingseinheiten (b)!

Was nicht gebraucht wird, bildet sich zurück!

Da sich der Organismus den Anforderungen anpasst, bilden sich trainingsbedingte Anpassungen zurück, wenn die Beanspruchung ausbleibt.

Die Rückbildung verläuft umso schneller, je frischer und ungefestigter die Anpassungen sind.

Auch der durch eine Trainingseinheit ausgelöste Trainingseffekt wird abgeschwächt oder verliert sich ganz, wenn das Intervall zwischen den Trainingseinheiten zu ausgedehnt ist.

Die Qualität des Trainingsreizes bestimmt die Reizantwort!

Der Trainingsreiz wirkt sich am *stärksten* in dem Organ oder Organsystem aus, das am stärksten belastet wird, nämlich am Ort der funktionellen Leistungsbegrenzung, im schwächsten Glied der Funktionskette.

Die **Kraftfähigkeiten** werden durch Übungen trainiert, die Kraft erfordern. Um eine morphologische Anpassung zu erzielen, muss das Nerv-Muskel-System so «gereizt» werden, dass es in den Muskelfasern zur Synthese von Aktin- und Myosinfilamenten kommt.

Die **aerobe Leistungsfähigkeit** wird durch Belastungen verbessert, die den aeroben Stoffwechsel in den Muskelfasern intensiv beanspruchen.

Die **aerobe Kapazität** wird durch Belastungen trainiert, welche die Kohlenhydratdepots entleeren.

Die **anerobe Leistungsfähigkeit** wird durch intensive Belastungen trainiert, die den anaeroben Stoffwechsel «herausfordern».

Die **anaerobe Kapazität** wird durch Belastungen optimiert, bei denen der Organismus mit der Sauerstoffschuld und der «Übersäuerung» fertig werden muss.

«Wie du in den Wald rufst, so tönt es zurück!»

Viele Komponenten beeinflussen die Reaktionen auf Trainingsreize!

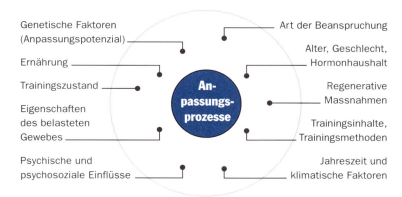

Training macht sich in jedem Alter bezahlt!

- Durch Training können bei Kindern und Jugendlichen die Entwicklungs- und Reifungsprozesse optimiert werden.
- Durch Training können bei Erwachsenen die Belastbarkeit und die Leistungsfähigkeit verbessert und/oder auf hohem Niveau erhalten werden.
- Durch Training können im reifen Alter degenerative Prozesse verhindert oder zumindest verzögert werden. Untersuchungen an Neunzigjährigen haben gezeigt, dass auch im Seniorenalter z.B. der Muskelquerschnitt und damit das Kraftpotenzial noch vergrössert werden können.

Training wirkt sich auf alle Organe aus

Die Wirkungen des Trainings auf den Organismus sind vielfältig:

- Aufbau und Erhaltung der Kraftfähigkeiten durch funktionale, die Steuerung und die Energiebereitstellung betreffende Anpassungen und durch strukturelle, den Muskelquerschnitt betreffende Anpassungen. **Am Nerv-Muskel-System**
- Entwicklung und Erhaltung einer optimalen Sauerstoff- und Substratversorgung durch Bildung neuer Kapillaren in den Skelettmuskeln.
- Entwicklung und Erhaltung einer optimalen neuromuskulären Koordination.
- Entwicklung und Erhaltung belastungsresistenter Knochen- und Knorpelstrukturen sowie funktionstüchtiger Gelenke und einer intakten, belastbaren Wirbelsäule. **Am passiven Bewegungsapparat**

	• Erhöhung der Zugfestigkeit und der Elastizität der Sehnen und Bänder.
An den Stoff-wechselsystemen	• Optimierung der Enzymaktivität im Dienste des Substanz-aufbaus, der Energiebereitstellung und der Beseitigung von Zwischen- und Endprodukten des Stoffwechsels.
An den Versor-gungssystemen	• Entwicklung und Erhaltung eines funktionstüchtigen Atmungs-systems, insbesondere einer leistungsfähigen Atmungs-muskulatur.
	• Vermehrung des Blutvolumens und Erweiterung der Sauer-stofftransport-Kapazität.
	• Entwicklung und Erhaltung eines leistungsfähigen und be-lastbaren Herz-Kreislauf-Systems.
An den Regula-tionssystemen	• Optimierung der Regulationsprozesse für die Herz-Kreislauf- und Atmungsfunktionen.
	• Optimierung der Regulation des Bau- und Betriebsstoff-wechsels.
	• Optimierung des Flüssigkeits- und Elektrolythaushaltes.
	• Verbesserung der Temperaturregulationsfähigkeit.
Am Nerven-System und den Sinnes-organen	• Entwicklung und Erhaltung einer guten Erholungs- und Rege-nerationsfähigkeit und einer optimalen Anpassungsfähigkeit im psychischen und physischen Bereich.
	• Entwicklung, Reifung und Erhaltung von peripheren und zen-tralen Strukturen, die auf die Aufnahme und Auswertung von Informationen aus dem Körper und aus der Umwelt spezialisiert sind.
	• Vernetzungen im ZNS zur Optimierung der kognitiven Pro-zesse (Aufnahme und Verarbeitung von Sinnesreizen und Empfindungen) sowie zur Optimierung der Regulation komplexer Bewegungsabläufe.

Alle Organsysteme bedürfen für die Entwicklung und Erhaltung der bestmöglichen Funktions-tüchtigkeit einer regelmässigen, adäquaten Beanspruchung durch zielgerichtetes Training.

Physische Akzente

Ohne physisches Leistungsvermögen keine optimale Leistung!

Bild: Kurt Amsler

Ohne physisches Leistungsvermögen keine optimale Leistung!

Wer physische *Leistungen (Arbeit)* erzielen will, ist auf einen gezielten Einsatz der Muskulatur angewiesen – auch beim Sporttreiben. Das Zentralnervensystem erteilt für die einzelnen Muskeltätigkeiten die entsprechenden Befehle! Die Qualität der Leistung hängt dann wesentlich von folgenden Variablen ab:

Die Arbeit wird definiert als Kraft x Weg, die Leistung als Arbeit : Zeit.

- Beweglichkeit des aktiven und passiven Bewegungsapparates.
- Energetisch-konditionelle Leistungsanteile wie die klassischen «Faktoren» Kraft, Schnelligkeit und Ausdauer!
- Steuerung der Muskulatur, die aufgrund der koordinativen Fähigkeiten, also dank der koordinativen Handlungskompetenz, zustande kommt (vgl. Kapitel Koordination)!

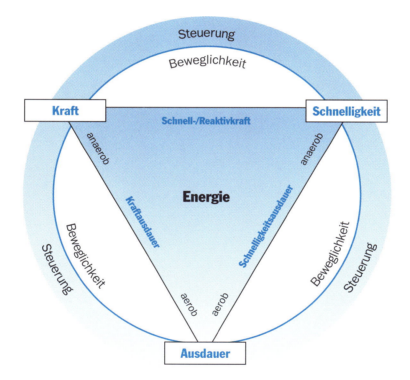

Die physischen oder motorischen Komponenten, die für die Qualität des Muskeleinsatzes verantwortlich sind (nach KUNZ).

Physische Akzente

Erfolgreiches Sporttreiben erfordert stets eine bestimmte Beweglichkeit des Bewegungsapparates

Ohne Beweglichkeit des aktiven und passiven Bewegungsapparates keine optimale Bewegung und Leistung! Die Beweglichkeit ermöglicht es, dass die energetisch-konditionellen Fähigkeiten zielorientiert – d.h. koordiniert und effizient – in die Tat umgesetzt werden können.

Ohne Muskelkraft gibt es keine Schnelligkeit und keine Ausdauer. Korrekterweise müsste bei kurzen, hochintensiven Muskelkontraktionen gegen kleine Widerstände von Kraftschnelligkeit und bei langdauernden, extensiven Muskeleinsätzen bei kleinen Belastungen von Kraftausdauer gesprochen werden. In der Praxis haben sich aber die Begriffe Schnelligkeitstraining und Ausdauertraining durchgesetzt.

> **Jede Muskelkontraktion erzeugt Kraft! So ist die Kraft die zentrale energetisch-konditionelle Leistungsfähigkeit (oder auch «Leistungspotenz» genannt)!**

Arbeitszeit	Intensität (absolut)	Energiebereitstellung	Energieflussrate	Ausgewählte Beispiele
0–10 Sekunden	hochintensiv	anaerob-alaktazid	hoch	Maximalkraft Schnellkraft Reaktivkraft Schnelligkeit
30–180 Sekunden	intensiv	anaerob-laktazid	mittel	Kraftausdauer, Schnellkraftausdauer, Schnelligkeitsausdauer
15–360 Minuten	extensiv	aerob	tief	Ausdauer

Darstellung, wie die verschiedenen energetisch-konditionellen Qualitäten zu akzentuieren sind (nach KUNZ).

Bei maximal möglichen Muskelkontraktionen ist die *Energiefluss-rate* sehr hoch!

0 bis 10 Sekunden:

Ohne deutlichen Qualitätsverlust kann nur kurze Zeit – höchstens bis zu 10 Sekunden – hochintensiv gearbeitet werden. Je nach Widerstand auf der einen Seite sowie je nach Bewegungsausführung auf der andern Seite werden die Maximalkraft, die Schnell- und Reaktivkraft oder aber die Schnelligkeit gefördert.

30 bis 180 Sekunden:

Soll während dieser Zeitspanne eine möglichst maximale Leistung erzielt werden, muss die Intensität der einzelnen Muskelkontraktionen wegen der immer grösser werdenden Laktatproduktion reduziert werden. Die Energieflussrate ist deutlich tiefer als bei maximal möglicher Muskelaktivität. Diese Muskelaktivität wird mit «anaerob laktazid» charakterisiert.

Über 15 Minuten:

In dieser Zeitspanne arbeitet die Muskulatur vorwiegend im aeroben Bereich. Dieses Training wird als aerobes Ausdauertraining bezeichnet. Sowohl die Intensität als auch die Energieflussrate sind tief.

10 bis 30 Sekunden oder 3 bis 15 Minuten:

Während dieser Zeitspanne liegen die Intensität, die Energiebereitstellung und die Energieflussrate in einem Zwischenbereich.
In der Zeitspanne von 10 bis 30 Sekunden werden sowohl die Kraft- und Schnelligkeitsfähigkeiten als auch die Kraft- und Schnelligkeits-Ausdauerfähigkeiten optimiert.
In der Zeitspanne von 3 bis 15 Minuten werden gleichzeitig die Kraft- und Schnelligkeits-Ausdauerfähigkeiten als auch die aerobe Ausdauer verbessert.

Das sportartspezifische Anforderungsprofil differenziert die – je nach Aufgabe und Funktion unterschiedlichen – leistungsbestimmenden energetisch-konditionellen Fähigkeiten.
Von dieser sportartbezogenen Charakterisierung abgeleitet können die einzelnen Sportarten im sogenannten Konditionsdreieck entsprechend plaziert werden.

Die Energieflussrate ist ein Mass für die Energiemenge, die pro Zeiteinheit freigesetzt werden kann.

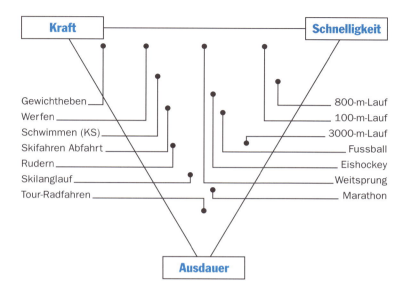

Positionen ausgewählter Sportarten im sogenannten Konditiondreieck (nach KUNZ).

Zahlreiche Sportarten – beispielsweise Radfahren (Mehretappenrennen), Gewichtheben oder 100-m-Sprint – haben eine eindeutige Positionierung. Sportarten, deren Leistungserbringung komplex verknüpfte energetisch-konditionelle Leistungsfähigkeiten erfordern (z. B. *Spielsportarten* und Mehrkämpfe), können nicht immer so eindeutig plaziert werden.

Beim Spielen werden gleichzeitig verschiedene energetisch-, aber auch koordinativ-konditionelle Fähigkeiten gefördert.

Die energetisch-konditionellen Leistungsfähigkeiten beeinflussen sich in ihrer Wechselbeziehung gegenseitig in unterschiedlichem Masse.

Grundsätzlich kann davon ausgegangen werden, dass hochintensive Bewegungen die Ausdauerfähigkeiten beeinträchtigen. Warum? Weil – bei anaerober Energiebereitstellung – der Querschnitt der schnellen Muskelfasern zunimmt, wird – vor allem beim Krafttraining – die Kapillarisierung und damit die Sauerstoffversorgung der Muskulatur eher behindert. Beim Ausdauertraining wird hingegen ein Teil der schnellen Muskelfasern in langsame Fasern umfunktioniert, was stets zu einem Verlust an Fähigkeit zu schneller Kontraktionführt.

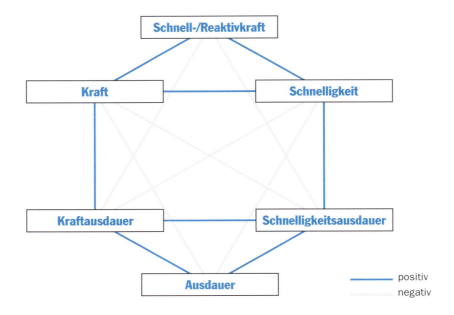

Beziehungsnetz der energetisch-konditionellen Fähigkeiten (nach KUNZ).

Die Beweglichkeit kann durch intensives Konditionstraining – beispielsweise hartes Krafttraining – eingeschränkt werden. Deshalb gilt es, in diesem Zusammenhang der Beweglichkeit wie auch dem Beweglichkeitstraining ein spezielles Augenmerk zu schenken.

> **Das Training der energetisch-konditionellen Fähigkeiten (Leistungspotenziale) kann sowohl die Beweglichkeit als auch die Steuerung der Muskulatur beeinflussen!**

Das Konditionstraining, vor allem das Krafttraining, wirkt auf die Steuerung der Muskulatur vor allem dann negativ, wenn eingelenkige, dynamisch-langsame oder statische Belastungen die Trainingsübungen charakterisieren.

Die physischen oder motorischen Leistungsfähigkeiten können entweder sportart-/disziplinspezifisch oder aber isoliert gefördert werden.

Beim *sportartspezifischen Training* werden die leistungsbestimmenden energetisch-konditionellen Leistungsfähigkeiten gleichzeitig gefördert, also die Beweglichkeit, die Bewegungssteuerung und die entsprechenden Stoffwechselprozesse. Dann und wann ist die sportartspezifische Trainingswirkung auf bestimmte Leistungsfähigkeiten zu gering. Dann drängen sich isolierte Trainingsmassnahmen – beispielsweise Kraft- oder Beweglichkeitstraining – auf.

Die Schwimmer trainieren beispielsweise die Kraftfähigkeiten sportartspezifisch mit Schwimmen oder aber isoliert mit Krafttraining an Kraftmaschinen.

Die aeroben Ausdauerfähigkeiten können auch unspezifisch, z. B. durch Radfahren, Skilanglaufen, Inlineskaten, gefördert werden.

Im Training von Kraft- und Schnelligkeits-Ausdauersportarten werden im Rahmen des Leistungsaufbaus häufig zuerst die Kraft- beziehungsweise Schnelligkeits- und die *aeroben Ausdauerfähigkeiten* in separaten Einheiten gefördert, bevor die unmittelbare Wettkampfvorbereitung wieder wettkampfspezifisch erfolgt. So kann – beispielsweise beim Rudern oder in einem leichtathletischen 400-m-Training – vermieden werden, dass der Körper durch ein allzu oft durchgeführtes anaerob laktazides Training überfordert wird.

Im Leistungssport hat die wettkampfbezogene Förderung der physischen oder motorischen Fähigkeiten (Leistungspotenziale) meist erste Priorität. Dennoch kommt dem Kriterium Gesundheit grosse Bedeutung zu. In diesem Sinne wird ein optimales Leistungstraining durch ein entsprechendes gesundheitsförderndes Kraft-, Ausdauer- und Beweglichkeitstraining ergänzt.

Im Schul-, Fitness- und Seniorensport ist dagegen die Förderung und Erhaltung der Gesundheit das wichtigste Ziel des Trainings. Das energetisch-konditionell ausgerichtete Training der Kraft, der Ausdauer und der Beweglichkeit steht im Zentrum. Ein optimales Trainingsprogramm umfasst auch die Förderung der klassischen koordinativen Fähigkeiten oder der sogenannten koordinativen Handlungskompetenz (vgl. Kapitel 5.). Die hier gewählten Akzente im Rahmen der Trainingsmassnahmen unterscheiden sich zum Teil deutlich von jenen des Leistungssports. Extreme Belastungen der Organsysteme – z. B. extremes Maximal- und anaerob laktazides Ausdauertraining – haben hier keinen Platz.

Die Förderung und Erhaltung der Gesundheit ist ein zentrales Anliegen des Sporttreibens auf allen Stufen.

Nur durch nervale Aktivierung entwickelt ein Muskel Kraft. Auch die Koordination im allgemeinen und das Lernen von besonders anspruchsvollen Bewegungen im besonderen ist stets ein zielgerichtetes Zusammenspiel physischer und psychischer Leistungsanteile. (Zum Thema Bewegungslernen: vgl. Kapitel Koordination.)

Was die Beweglichkeit zum Erfolgsschlüssel macht!

Die Konditionskomponente Beweglichkeit ist in der Tat eine «Conditio sine qua non».

Zur Begriffsfamilie «Beweglichkeit»

Die physische oder motorische Beweglichkeit – auch Flexibilität genannt – gehört zu den klassischen motorischen Leistungs- voraussetzungen. Sie ist die Fähigkeit, Bewegungen mit gros- sem Bewegungsumfang auszuführen oder bestimmte Haltun- gen einzunehmen.
Die Beweglichkeit setzt Gelenkigkeit und *Dehnfähigkeit* voraus.

Unter Gelenkigkeit werden die Freiheitsgrade der beteiligten Ge- lenkstrukturen (Knochen) verstanden, während sich die Dehn- fähigkeit auf die Muskulatur, die Sehnen, die Bänder und die Gelenkkapseln bezieht.

Das Bestreben, die physiologischen Bewegungsgrenzen den anatomischen anzunähern, wird Dehnen genannt!

Zudem kann zwischen *aktiver* und *passiver Beweglichkeit* unter- schieden werden! Die aktive Beweglichkeit ist jene, die durch den Einsatz der Muskulatur erreicht werden kann.
Unter passiver Beweglichkeit wird jene Dehnfähigkeit ver- standen, die durch äussere Kräfte bewirkt wird (Körpergewicht, Partner).

Die passive Beweg- lichkeit ist mindestens gleich gross, meist jedoch grösser als die aktive Beweglichkeit!

Was muss ich wissen?

Die Beweglichkeit ist – anatomisch-physiolo- gisch bedingt – die einzige physische oder motorische Leistungsvoraussetzung, die im Kindesalter bereits den höchsten Ausprägungs- grad erreicht. Ziel des Beweglichkeitstrainings ist es deshalb, die ursprüngliche Beweglichkeit möglichst umfassend zu erhalten.

Die Beweglichkeit ist von verschiede- nen endogenen (körperinternen), aber auch exogenen (körperexternen) Einflüssen abhängig.
Dabei spielen die folgenden Kompo- nenten eine wichtige Rolle:
• der Muskelfaseranteil und
  seine Funktion
• der Muskeltonus
• die Muskelermüdung
• die Ernährung und der Mineral-
  haushalt
• das Alter und das Geschlecht
• die Temperatur
• die Tageszeit
• die psychische Verfassung,
  aber auch
• die Qualität des Trainings

Physische Akzente

Die Beweglichkeit nimmt – ohne entsprechendes Training – nach ihrem Höhepunkt in der vorpuberalen Phase bis ins höhere Alter kontinuierlich ab. Gezieltes Dehnen der Muskeln kann den Verlust der Beweglichkeit in hohem Masse eindämmen! Aufgrund hormoneller und struktureller Unterschiede sind Mädchen und Frauen normalerweise weniger kräftig, dafür eher beweglicher als Knaben und Männer.

Sportler/innen mit einem grossen Anteil schneller Muskeln sind – so die Norm – beweglicher als Ausdauersportler/innen!

Die einzelnen Muskelgruppen unseres Körpers erfüllen spezifische Funktionen und haben unterschiedliche Anteile an *schnellen und langsamen Muskelfasern*. Die phasischen Bewegungsmuskeln – z. B. der grosse Gesässmuskel – haben einen relativ gewichtigen Anteil schneller Muskelfasern. Bei Untätigkeit (Inaktivität) verkümmern diese Muskeln und neigen zur Abschwächung. Die tonischen Haltemuskeln – z. B. der gerade Oberschenkelmuskel – haben einen grossen Anteil langsamer Fasern. Sie sind auch im Alltag häufig gespannt und neigen zur Verkürzung. Besonders diese Muskeln gilt es immer wieder zu dehnen.

Ein intensives Muskeltraining, sei es Kraft- oder Ausdauertraining, bewirkt – durch eine Anhäufung von Stoffwechsel-Endprodukten wie beispielsweise das Laktat – eine Zunahme des Muskeltonus und dadurch eine Abnahme der Beweglichkeit.

Ein übersäuerter Körper, sei es durch (zu) hartes Training oder sei es aufgrund säureproduzierender Nahrungsmittel, ist in der Tendenz verletzungsanfällig(er) (tiefer Urin-PH-Wert)!

Eine Übersäuerung des Muskelgewebes kann auch durch zu viele *säureproduzierende Nahrungsmittel* entstehen (z. B. durch grossen Eiweissüberschuss). Mineralstoffhaltige pflanzliche Nahrungsmittel – z. B. Gemüse und Früchte – können die Übersäuerung der Muskulatur reduzieren und wirken damit günstig auf die Dehnfähigkeit. Magnesium und Kalzium sind die wichtigsten muskelentspannenden Mineralstoffe.

Die Muskeltemperatur beeinflusst die Beweglichkeit sehr stark. Während Wärme, wie z. B. warmes Wasser oder warme Kleider, die Beweglichkeit fördern, schränkt Kälte die (optimalen) Freiheitsgrade ein. So wie die Beweglichkeit am Nachmittag und Abend umfassender als am Morgen ist, lässt auch die Dehnfähigkeit der Muskulatur am Morgen nach dem Aufstehen zu wünschen übrig.

Die Wechselbeziehungen zwischen Körper und Psyche können am Beispiel Beweglichkeit sehr gut erkannt werden. Ein psychisch angespannter, gestresster oder gar verkrampfter Mensch neigt dazu, auch im körperlichen Bereich die gleichen Symptome zu zeigen.

Bei Sportarten mit eher eingeschränktem Bewegungsumfang – z. B. Radfahren – ist das Risiko für Muskelverkürzungen wesentlich grösser als bei jenen, wo die Beweglichkeit eine leistungsbestimmende Komponente darstellt, wie beispielsweise Kunstturnen.

Wer seine Beweglichkeit häufig trainiert, kann ihre Qualität ein Leben lang recht gut erhalten. Im Leistungssport ist die Beweglichkeit oft leistungsfördernd, im Alltag hingegen ist sie stets gesundheitsfördernd und wirkt u. a. auch vorbeugend gegenüber Verletzungen.

Standortbestimmung: Wo stehe ich?

Die Beweglichkeit zu diagnostizieren ist relativ einfach. Vorerst kann und soll die Beweglichkeit anhand von Dehnübungen subjektiv beurteilt werden. Danach gilt es die Frage zu beantworten, wieviel Zeit für das Beweglichkeitstraining aufgewendet und mit welchen Massnahmen es durchgeführt wurde. Aufgrund dieser Daten und in Relation zur Beurteilung der Beweglichkeit kann auf die persönliche Veranlagung geschlossen werden.
Treten gravierende, auch die Gesundheit gefährdende Beweglichkeitsprobleme auf, können standardisierte Beweglichkeitstests möglicherweise weiterhelfen. Dafür sind jedoch Ärzte/Ärztinnen, Physiotherapeut(inn)en oder auch Sportlehrer/innen zuständig!

Was will ich erreichen?

Das eigentliche Ziel jeglichen Beweglichkeitstrainings ist die Förderung und Erhaltung der Gesundheit. In physischer, also motorischer Hinsicht geht es dabei vor allem darum, *muskulären Dysbalancen* vorzubeugen oder aber solche zu korrigieren. Sind Muskeln verkürzt, müssen sie zuerst gedehnt und geschwächte Muskeln anschliessend gekräftigt werden (siehe Krafttraining). Beim Dehnen und Kräftigen ist ein individuelles Vorgehen zu empfehlen. Wer ohnehin von Natur aus sehr beweglich ist, soll seine Trainingszeit zum Beheben von individuellen Schwachstellen einsetzen.

Unter muskulärer Dysbalance wird eine Störung des Gleichgewichtszustandes der auf die Gelenke wirkenden Kräfte und der Beweglichkeit zwischen Agonist und Antagonist verstanden!

Ist die Beweglichkeit für das Wettkampfresultat eine leistungsbestimmende Komponente, wie beispielsweise beim Kunstturnen, in der Gymnastik, im Hürdenlaufen oder beim Rückenschwimmen, ist es naheliegend, möglichst optimale Voraussetzungen zu schaffen. Also gilt es, in diesen Sportarten auch einen entsprechend grösseren Zeitaufwand für das Beweglichkeitstraining zu investieren.

Und nun: Wie und was soll ich planen?

Es macht keinen Sinn, die Beweglichkeit extrem zu fördern und möglicherweise das Training energetisch-konditioneller Fähigkeiten zu vernachlässigen.

Jugendliche und Erwachsene, Fitness- und Leistungssportler/innen sollten *so beweglich wie sinnvoll* sein und bleiben! Das Beweglichkeitstraining im Wettkampf unterscheidet sich nicht von jenem im Training. Es muss – im Gegensatz zum Training der energetisch-konditionellen Leistungsanteile – weder im Wettkampf noch im alltäglichen Training langfristig geplant oder auch nur kurzfristig periodisiert werden. Dennoch gilt es, das Beweglichkeitstraining je nach Situation, Alter und Zielsetzung unterschiedlich zu akzentuieren. Beispielsweise haben Kinder und Jugendliche ein enormes Bewegungsbedürfnis, das entsprechend befriedigt werden muss. So macht es keinen Sinn, sie unbedingt stretchen zu lassen. Für ältere Menschen hingegen ist das Stretchen eine geradezu erholsame und überhaupt ideale Trainingsvariante.

> Der Kernsatz für die Entwicklung vom Jugendtraining zum Seniorensport lautet: «Vom Dehnen durch Bewegen zum Dehnen durch Halten!» Oder: «Von der Schwunggymnastik zum Stretchen!»

Ein optimales Beweglichkeitstraining zielt auf bestmögliche Leistungen in Trainings- und Wettkampfsituationen. Das Dehnen ist integrativer Bestandteil der Leistungsvorbereitung. Zusammen mit anderen Vorbereitungsübungen sollte das Dehnen immer zu einem optimalen Muskeltonus beitragen. Nach erbrachter Leistung jedoch gilt es, den erhöhten Muskeltonus wieder zu reduzieren.

Welche Trainingsmassnahmen, Trainingsmethoden und Trainings- belastungen stiften welchen Sinn?

Grundsätzlich gilt es, alle Muskeln des Körpers zu dehnen, insbesondere jene, die zur Verkürzung neigen und bei der nach- folgenden Belastung speziell gefordert werden oder aber zuvor, beim vorangegangenen Trainings- oder Wettkampfeinsatz, in hohem Masse beansprucht worden sind. Auf alle Fälle ist ein sinnvolles Beweglichkeitstraining stets individuell zu gestalten.

Es kann zwischen dynamischem und statischem Dehnen unter- schieden werden:

> **Dynamisches Dehnen wird auch als Schwung- oder Zweckgymnastik bezeichnet. Ziel ist es, auf die Bewegungsausführung und Dynamik der nachfolgenden Trainings- oder Wettkampfbelas- tung vorzubereiten!**

Statisches Dehnen ist gleichbedeutend mit Stretching.

Statisches Dehnen kann in zwei Übungsklassen unterteilt werden:
- Passiv-statische Dehnübungen: Hier wird ein Muskel mit Hilfe der Schwerkraft, der Kraft anderer Muskelgruppen oder der Kraft des Partners gedehnt.
- Neuromuskuläre Dehnübungen: Damit werden neurophysio- logische Vorgänge zur Entspannung der Muskulatur genutzt.

Beim Anspannungs-Entspannungs-Dehnen wird die *post-iso- metrische Hemmung* des zu dehnenden Muskels, beim aktiv- statischen Dehnen die *reziproke Hemmung* des Antagonisten ausgenützt.

Das statische Dehnen gehört zum Auslaufen oder aber in eine separate Trainingseinheit! Es dient der Trainings- und Wett- kampf-Nachbereitung sowie der Verletzungsprophylaxe!

Die neuromuskulären Dehntechniken sind besonders geeignet, verkürzte und verkrampfte Muskeln zu entspannen.

Die post-isometrische Hemmung bewirkt, dass der statisch kontrahierte Muskel anschliessend weiter gedehnt werden kann.

Bei der reziproken antagonistischen Hemmung entspannt sich der Antagonist während der Kontraktionsphase des Agonisten!

Das folgende Dehnprogramm ist ein Beispiel für eine sportart-unspezifische **Schwunggymnastik**, die sich für die wichtigsten Muskelgruppen eignet. Jede Übung wird ein- bis zweimal während zehn bis zwanzig Sekunden – locker schwingend! – ausgeführt.

1. In Schräglage vor-wärts an einer Wand wechselseitig Fuss-gelenk strecken und beugen.

2. Im lockeren Traben wechselseitig anfer-sen.

3. Im Einbeinstand das andere Bein vorwärts hoch schwingen.

4. Im Einbeinstand das andere Bein seitwärts schwingen.

5. Im Grätschstand mit horizontal aus-gestreckten Armen Oberkörper drehen.

6. Wechselseitiges Knieheben mit Nachstellschritt.

7. Im Stand mit Stab/Gummizug achterkrei-sen mit gestreckten Armen um den Kopf.

8. Im Stand gestreckte Arme vorwärts und rückwärts kreisen.

Physische Akzente

Die nun folgenden Dehnübungen stellen ein ebenfalls sportart-unspezifisches **Stretching-Programm** dar und haben für die glei-chen Muskelgruppen wie bei der Schwunggymnastik Gültigkeit. Die einzelnen Übungen werden erneut ein- bis zweimal während zwanzig bis dreissig Sekunden ausgeführt! Stets zu beachten: Nur ein schmerzfreies Dehnen ist auch ein sinnvolles Training!

1. Im einbeinigen Fuss-ballenstand auf einer Erhöhung Wadenmus-kulatur duch Körper-gewicht dehnen.

2. In der Seitenlage bei in der Hüfte und im Kniegelenk gebeugtem vorderem Bein Unter-schenkel des hinteren Beines gegen das Ge-säss ziehen.

3. Im Einbeinstand mit vorderem Bein auf einer Erhöhung Ober-körper vorwärts beugen!

4. Grosse Grätschstel-lung, ohne Ausweichen der Hüfte.

5. In Rückenlage am Boden ein Bein mit den Armen gebeugt zum Kinn hochziehen.

6. In Rückenlage mit seitwärts ausge-streckten Armen und angezogenen Beinen ein Bein über das andere legen, seit-wärts ablegen und mit dem Kopf auf die Gegenseite schauen!

7. Im Stand Oberkörper vorwärts beugen, die gestreckten Arme vorwärts aufstützen und Schultern abwärts drücken.

8. Im Stand Kopf mit Hand und Arm auf die Seite ziehen.

Wie soll ich das Training kontrollieren und auswerten?

Dehnübungen laufen fast immer ähnlich ab, sind ein nahezu stereotyper Bestandteil des Auf- und Abwärmens.

Im Gegensatz zum Training der energetisch-konditionellen Leistungsanteile muss das ausgeführte Beweglichkeitstraining im Trainingstagebuch nicht so detailliert protokolliert werden. Es genügt, die aufgewendete Trainingszeit zu notieren. Aussergewöhnliche Ereignisse gilt es dagegen festzuhalten. Dazu gehören beispielsweise: Ergebnisse von Beweglichkeitstests, subjektive Beurteilungen der Beweglichkeit, muskuläre Verspannungen u.a.m.

Beweglichkeitstests können für alle Sportlergruppen sinnvoll sein. Sie sind vor allem dann wichtig, wenn aufgrund mangelnder Beweglichkeit gesundheitliche Probleme auftreten – deshalb: Überprüfen der Fortschritte – oder wenn im Leistungssport eine bestimmte Beweglichkeit eine limitierende Leistungskomponente darstellt.

Viele Beweglichkeitstests sind umstritten, weil sie nicht klar messbar oder schwierig interpretierbar sind. Einige wenige Tests werden hier vorgestellt: Mit solchen Tests kann der Muskelstatus subjektiv oder, wenn nötig, objektiv bestimmt werden.

1. Winkelbestimmung zwischen dem Unterschenkel und der Horizontalen beim Fussbeugen: gebeugtes und gestrecktes Knie.

2. Rückenlage, Winkel zwischen dem nach oben gehobenen gestreckten Bein und der Horizontalen.

3. Rückenlage auf Schwedenkasten, Gesäss an der Kante, ein Bein gebeugt gegen das Kinn gezogen, Winkelmessung des Ober- und des Unterschenkels des anderen Beines.

4. Rückenlage mit gebeugter Hüfte und gespreizten Beinen vor einer Wand, Winkel zwischen den Beinen.

5. Rückenlage, das im Knie gebeugte Bein seitwärts über das andere gelegt (Fuss in Kniekehle); Distanz zwischen Knie und Boden bei am Boden fixierten Schultern.

6. Im Sitz auf Kasten, Stab mit gestreckten Armen rückwärts über den Kopf führen; Distanz zwischen beiden Händen.

«Mit voller Kraft voraus!» – Muskelkontraktionen mit hoher Energieflussrate

Was verstehe ich unter den Begriffen?

Bei hochintensiven Muskelkontraktionen ist der Energiever-brauch pro Zeiteinheit sehr hoch. Die Energiebereitstellung erfolgt anaerob alaktazid mit Hilfe von ATP und Kreatinphosphat. Die Muskulatur arbeitet mit *höchster Intensität*.

Höchste Intensität heisst: Es werden gleichzeitig möglichst viele Muskelfasern kontrahiert: intra-muskuläre Koordi-nation.

> **Die Trainingswirkungen hochintensiver Muskel-kontraktionen sind unterschiedlich! Beim Überwinden grosser Widerstände wird die Maximalkraft, bei mittleren Widerständen die Schnell-/Reaktivkraft und bei kleinen Wider-ständen die Schnelligkeit gefördert!**

Trainingswirkung	Widerstand (% W max.)
Maximalkraft	70 bis 100
Schnell-/Reaktivkraft	30 bis 70
Schnelligkeit	0 bis 30

Übersicht über die Trainingswirkungen bei hochintensiven Muskel-kontraktionen.

Die Maximalkraft ist die grösstmögliche Kraft, die ein Muskel produzieren kann. Sie kann statisch oder dynamisch erbracht werden.

Die statische Maximalkraft gegen einen unüberwindbaren Widerstand ist die grösstmögliche Kraft, die ein Muskel will-kürlich produzieren kann (Beispiel: Beinstrecken gegen einen unüberwindlichen Widerstand).

Die dynamisch konzentrische Maximalkraft ist nur wenig gerin-ger als die statische Maximalkraft. Sie wird in der Praxis, was zwar nicht ganz korrekt ist, gleichgestellt mit der einmal geho-benen maximalen Last. Beispiel: maximal gehobene Last beim Bankdrücken.

Die dynamisch exzentrische Maximalkraft, auch als Absolutkraft bezeichnet, ist grösser als die statische Maximalkraft, weil da-bei unter anderem unwillkürlich bedingte Reflexmechanismen wirken. Beispiel: Abbremsen einer Last von 150% der konzen-trisch bewegten Maximallast.

Die Schnellkraft ist die Fähigkeit, in kurzer Zeit gegen mittlere Widerstände möglichst viel Kraft zu entwickeln. Beispiel: Stand-hochsprung ohne Ausholen.

Die Reaktivkraft ist dagegen jene Fähigkeit, in einem schnellen Dehnungs-Verkürzungs-Zyklus der Muskulatur möglichst viel Kraft zu entwickeln. Beispiel: fortgesetzte Hürdensprünge.

Die Kraftentwicklung kann mit einem Kraftmessgerät registriert werden (Reaktionskraft). Der Beginn der Kraftentwicklungskurve ist unabhängig vom äusseren Widerstand. Die Kraft nach 30 Millisekunden wird als *Startkraft* und der Kraftanstieg pro Zeiteinheit an der steilsten Stelle der Kraftkurve als *Explosivkraft* bezeichnet.

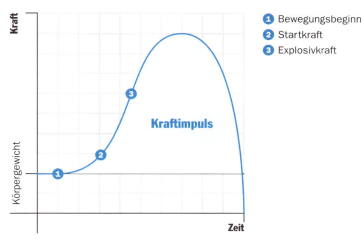

Start- und Explosivkraft können anhand des Kraft-Zeit-Diagramms eines Standhochsprungs auf einer Kraftmessplatte gezeigt werden!

Kraft-Zeit-Diagramm eines Standhochsprungs (ohne Ausholen).

Der Kraftimpuls wird definiert als «Kraft x Zeit» oder als «Masse x Geschwindigkeit».

Die Sprunghöhe wird bestimmt durch den *Kraftimpuls*, das heisst die Fläche unter der Kraftkurve ohne die Fläche des eigenen Körpergewichts.

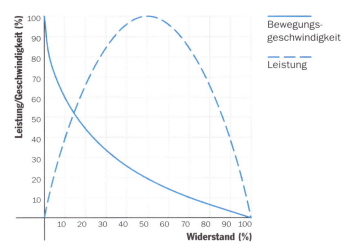

Relationen zwischen Bewegungsgeschwindigkeit, Widerstand und Leistung beim Bankdrücken.

Die mittlere physikalische Leistung (Leistung über den ganzen Bewegungsumfang) ist dann am grössten, wenn mit einem Widerstand von 40 bis 60% des maximalen Widerstands trainiert wird. Beispiel: Bankdrücken.

Die *Reaktionsschnelligkeit* ist die Fähigkeit, auf ein äusseres Signal möglichst schnell eine Antwort zu geben. Die Aktionsschnelligkeit ist die Fähigkeit, leichten Gegenständen eine möglichst grosse Geschwindigkeit zu vermitteln.

Bei der Reaktionsschnelligkeit kann zwischen einfachen Reaktionen und komplexen Auswahlreaktionen auf akustische, visuelle und taktile Reize unterschieden werden.

Beispiele: Reaktion auf Startschuss: einfache, akustische Reaktion; Reaktionen in Spielsportarten: vorwiegend visuelle Auswahlreaktionen.

Bei der Aktionsschnelligkeit können eine zyklische und eine azyklische Aktionsschnelligkeit unterschieden werden.

Beispiele: schnelle Tretbewegung beim Radfahren: zyklische Aktionsschnelligkeit; einen leichten Stein möglichst weit werfen: azyklische Aktionsschnelligkeit.

Die Reaktionsschnelligkeit ist unabhängig vom Anteil der schnellen und langsamen Muskelfasern. Dementsprechend besteht kein direkter Zusammenhang zwischen Reaktionsschnelligkeit und Aktionsschnelligkeit.

Was muss ich wissen?

Die Maximalkraft ist abhängig

- vom Muskelquerschnitt
- von der intramuskulären Koordination
- vom Anteil an schnellen Muskelfasern
- von den Hebelverhältnissen und bei koordinativ anspruchsvollen Bewegungen
- von der intermuskulären Koordination

Die Maximalkraft kann gesteigert werden durch eine Vergrösserung des Muskelquerschnitts und eine Verbesserung vor allem der intra-, aber auch der intermuskulären Koordination.

Auf akustische Reize kann – im Nahbereich bis zu 10/12 Metern – schneller reagiert werden als auf visuelle/optische Signale. Bei einem taktilen Reiz ist die Reaktionsschnelligkeit abhängig vom Abstand des Reizortes zum Zentralnervensystem.

Bei einem Muskelquerschnittstraining verdicken sich die langsamen und die schnellen Muskelfasern methodenabhängig (siehe Trainingsmethoden).

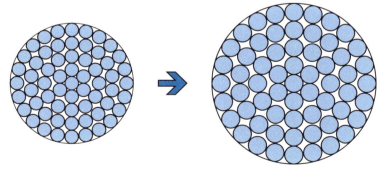

Wirkung des Muskelquerschnittstrainings.

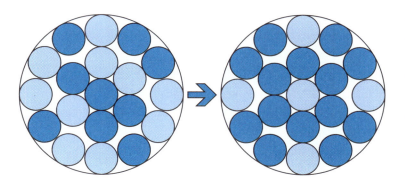

Durch ein Training der intramuskulären Koordination gelingt es, mehr Muskelfasern gleichzeitig zu aktivieren, das heisst, auch die schnellen Muskelfasern zu rekrutieren.

Wirkung des Trainings der intramuskulären Koordination.

Ein Training der intermuskulären Koordination fördert das harmonisch-effiziente Zusammenspiel der einzelnen Muskeln und Muskelgruppen.

Die Kraft, die ein Muskel produzieren kann, ist abhängig von körperinternen und körperexternen Hebelverhältnissen. So kann beispielsweise bei den Kniebeugen mit der Hantel aus der tiefen Hocke weniger Gewicht gehoben werden als aus einer hohen Kniewinkelstellung.

Die Schnellkraft wird bestimmt durch

- die Startkraft (Kraft nach 30 Millisekunden)
- die Explosivkraft (Steilheit der Kraftkurve) und
- die widerstandsabhängige dynamische Maximalkraft

Diese drei Komponenten bestimmen die Fläche unter der Kraftkurve (Kraftimpuls) und damit die Leistung.

Die Startkraft ist wichtig in allen Sportarten, bei denen auf ein Kommando agiert oder der Gegner überrascht werden muss. Beispiele: Sprint, Fechten und Ringen.

Die Explosivkraft ermöglicht überall dort eine maximale Leistung, wo diese in kurzer Zeit erbracht werden muss.

**Bei grossen äusseren Widerständen hat die Maximalkraft (Querschnitt und intramuskuläre Koordination) die grösste Bedeutung! Bei mittleren Widerständen sind die Explosivkraft und je nach Sportart die Startkraft als Komponenten der Schnell- und Reaktivkraft leistungsbestimmend! Die Bedeutung der Maximalkraft ist kleiner, jene der intermuskulären Koordination grösser als bei grossen äusseren Widerständen!
Leichte Widerstände können nur mit extremer Start- und Explosivkraft – d. h. mit den leistungsbestimmenden Komponenten der Schnelligkeit – und optimaler intermuskulärer Koordination schnell überwunden werden!**

Die Reaktivkraft ist im Sport sehr oft leistungsbestimmend: z.B. beim Laufen, beim Springen und bei Bewegungen mit Ausholen u.a.m. Sie ist abhängig von

- der *Vorspannung der Muskulatur* beim Bewegungsbeginn
- der Elastizität des Sehnen-Muskel-Systems
- der zusätzlichen Innervation der schnellen Muskelfasern über den *Dehnreflex*
- der Explosivkraft
- der Maximalkraft

Eine Vorspannung der Muskulatur – vor Beginn der eigentlichen Bewegung – führt zu einer grossen Muskelaktivität und einem schnellen Kraftanstieg in der nachfolgenden Leistungsphase! Beispiel: Aktives Aufsetzen bei allen Sprüngen.

Beispiel: fortgesetzte Tiefsprünge (Plyometrie)

Die Sprunghöhe ergibt sich aus der Beschleunigungskraft = Kraftimpuls ohne die Bremsfläche (Fussaufsetzen bis tiefste Kniewinkelstellung) und der Fläche des Körpergewichts.

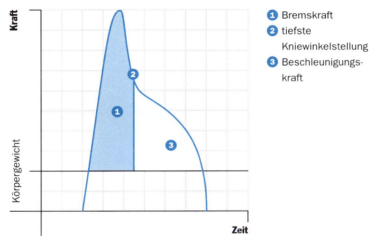

1 Bremskraft
2 tiefste Kniewinkelstellung
3 Beschleunigungskraft

Das Aktivieren der schnellsten Muskelfasern ist nur über eine schnelle Muskeldehnung reflexartig möglich!

Kraft-Zeit-Kurve bei einem Tiefsprung.

Die Kraftfähigkeiten sind abhängig von

- der Anzahl und
- der Fläche der rekrutierten schnellen Muskelfasern.

Muskeln mit einem grossen Anteil aktiver schneller Muskelfasern haben ein wesentlich höheres Kraftpotenzial als Muskeln mit vielen langsamen Fasern.

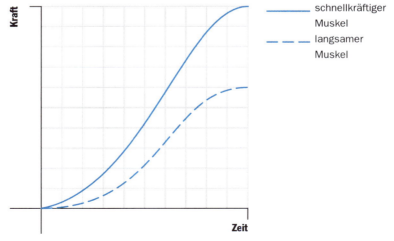

—— schnellkräftiger Muskel
– – – langsamer Muskel

Kraftpotenzial der Muskeln mit hohem Anteil schneller und langsamer Fasern.

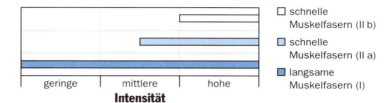

Rekrutierungsschwellen der langsamen und der schnellen Muskelfasern.

Die *schnellen Muskelfasern* ermüden rasch und sind nur kurze Zeit einsatzfähig. Deshalb nimmt auch die maximale Leistungsfähigkeit schnell ab.

Die einzelnen Kraftfähigkeiten stehen in einer positiven Beziehung zueinander. Sie haben aber je nach Art der Bewegung und je nach Grösse des Widerstandes unterschiedliche Bedeutung.

Wo stehe ich?

Vor Beginn eines Kraft- oder Schnelligkeitstrainings muss stets eine *Standortbestimmung* vorgenommen werden. Sie kann darin bestehen, folgende Fragen zu beantworten:

- Ist schon Kraft- oder Schnelligkeitstraining gemacht worden? Wenn ja, in welchem Rahmen?
- Wie hoch ist das Niveau der Kraft- und Schnelligkeitsfähigkeiten (Leistungspotenziale)?
- Wie steht es um die Gesundheit des aktiven und des passiven des Bewegungsapparates?
- Wie sind die konstitutionellen Voraussetzungen und die Belastbarkeit?
- Wie steht es um die Trainingsbedürfnisse einerseits und die Motivation anderseits?

Günstige konstitutionelle Voraussetzungen erlauben einen Einstieg ins Krafttraining auf einem höheren Niveau! Beispiele: robuster Körperbau, hohes Kraftniveau wegen körperlicher Arbeit.

Der *Gesundheitszustand* kann – und sollte auch immer wieder – von einer Arztperson überprüft werden. Für die Beurteilung der körperbezogenen Leistungsvoraussetzungen (Leistungspotenz) sind Trainer/innen und Sportlehrer/innen die entsprechend qualifizierten und geeigneten Fachleute.

Die schnellen Muskelfasern haben eine höhere Rekrutierungsschwelle als die langsamen. Sie können nur durch hohe muskuläre Beanspruchungen – z. B. grosse Widerstände, exzentrische Kontraktionen – aktiviert werden.

Leistungstests zur Standortbestimmung im Kraft- und Schnelligkeitsbereich machen nur dann einen Sinn, wenn die physischen oder motorischen Voraussetzungen vorhanden sind und die Testbewegungen beherrscht werden. Ein-steiger/innen brauchen solche Trainingskontrollen nicht!

Was will ich erreichen?

• die Vergrösserung der Muskulatur

• die Förderung und Erhaltung der Gesundheit und der Fitness

• die Steigerung des Leistungsvermögens

Mit dem Muskelquerschnittstraining (Muskelaufbautraining) wird eine gute Voraussetzung für ein nachfolgendes Training der intramuskulären Koordination geschaffen.

Die intramuskuläre Koordination und damit die Leistungsfähigkeit wird durch hochintensive Maximalkraft-, Schnellkraft- und Reaktivkraft- sowie Schnelligkeitstrainings gefördert. Solche Trainings sind für jene Sportler/innen wichtig, die kurzzeitig maximale Leistungen erzielen müssen. Diese Trainings dürfen niemals – trotz des *Verletzungsrisikos* – gesundheitsschädigend sein.

> Das Kraft- und Schnelligkeitstraining ist stets durch ein Training der intermuskulären Koordination zu ergänzen!

Bei einem nicht auf die Voraussetzungen der Sportler/innen ausgerichteten intensiven Muskeltraining erhöht sich – wegen der hohen Intensitäten – die Verletzungsgefahr sowohl für den aktiven als auch für den passiven Bewegungsapparat!

Die Zielsetzungen im Bereich der intensiven Kraft- und Schnelligkeitsfähigkeiten sind zielgruppenabhängig:

Zielgruppen	Trainingsziele
Seniorensport	Maximalkraft; Muskelquerschnitt
Fitnesssport	Maximalkraft; Muskelquerschnitt Schnellkraft
Schulsport	Maximalkraft; Muskelquerschnitt Schnellkraft; Schnelligkeit
Leistungssport: je nach Sportart	Maximalkraft; Muskelquerschnitt; intramuskuläre Koordination; Schnellkraft; Reaktivkraft; Schnelligkeit

Übersicht über zielgruppenbezogene Trainingsziele (nach KUNZ).

Ziel des Muskelquerschnittstrainings im Seniorensport ist es, sowohl den Muskelquerschnitt und die Belastbarkeit des Bewegungsapparates als auch – damit zusammenhängend – die Gesundheit und die Lebensqualität, wenn immer möglich, zu erhalten.

Physische Akzente

Im Fitnesssport sind die Ziele des Krafttrainings etwas anders akzentuiert: Die Muskelmasse und die Belastbarkeit des Bewegungsapparates sollten – in einem gesundheitsfördernden Rahmen – erhalten und durchaus auch situationsangemessen gefördert werden. Mögliche Zusatzziele können die Steigerung der Leistungsfähigkeit, das Erlangen eines wohlproportionierten Körperbaus oder aber, im psychischen Umfeld, die Erhöhung des Selbstwertgefühls sein.

Das intensive Muskeltraining im Schulsport soll primär spass- und gesundheitsorientiert, aber durchaus auch auf bestimmte Leistungsparameter ausgerichtet sein. Ein sinnvoll aufgebautes, alters- und entwicklungsgemässes Training soll sowohl die energetisch-konditionellen Fähigkeiten – Maximalkraft, Schnellkraft und Schnelligkeit – fördern, ebenso die Belastbarkeit. Noch einmal: Ein im Schulsport sinn- und verantwortungsvolles Training bereitet den jungen Sportler/innen Freude und regt im günstigsten Fall zum lebenslangen Sporttreiben an.

Im Leistungssport wird das Training naheliegenderweise immer sportart-/ disziplinspezifisch ausgerichtet. Der Leistungsaspekt erhält hier ebenso grosse Bedeutung wie jener der Gesundheit. Ein verantwortungsvoller Trainer achtet jedoch darauf, Überbelastungen – nicht nur des Bewegungsapparates – tunlichst zu vermeiden.

Wie und was soll ich planen?

Der Belastungsumfang wird beim Kraft- und beim Schnelligkeitstraining durch die Anzahl der Wiederholungen und die Belastungsdauer sowie durch die Anzahl Serien bestimmt! Die Belastungsintensität ist abhängig vom Widerstand und von der Bewegungsgeschwindigkeit!

Die Kraft- und Schnelligkeitsfähigkeiten sollen kontinuierlich und systematisch entwickelt werden. Das Ausgangsniveau und die Zielsetzungen stecken den Rahmen der Planung ab.
Beim Kraft- und Schnelligkeitstraining müssen folgende Richtlinien beachtet werden:

- Trainiere, speziell im Schulsport, zuerst mit dem eigenen Körperwiderstand und erst später mit Kraftmaschinen und Hanteln.
- Beachte, dass die Gesamtbelastung vom Belastungsumfang und von der Belastungsintensität abhängig ist.
- Beginne mit geringem Belastungsumfang und geringer Belastungsintensität.

4. Steigere zuerst allmählich den Belastungsumfang (Anzahl Serien) und nachher – je nach Zielsetzung – die Belastungsintensität, den Widerstand und/oder die Bewegungsgeschwindigkeit.

5. Trainiere zur Steigerung von Kraft und Schnelligkeit hauptsächlich im zeitlichen Rahmen der anaerob alaktaziden Energiebereitstellung (nicht über 20 Sekunden)! Eine Erhöhung der Anzahl Wiederholungen oder eine längere Belastungszeit wird die Trainingswirkung in Richtung Kraftausdauer verändern.

> **Das Kraft- und Schnelligkeitstraining soll grundsätzlich, sowohl langfristig als auch kurzfristig, extensiv begonnen werden! Es kann über intensiv zu explosiv weitergeführt werden (siehe Trainingsmethoden)!**

Extensiv ist gleichzusetzen mit Muskelaufbau- oder Querschnittstraining. Intensiv bedeutet Training der intramuskulären Koordination. Beim Explosivkrafttraining wird speziell der schnelle Kraftanstieg gefördert.

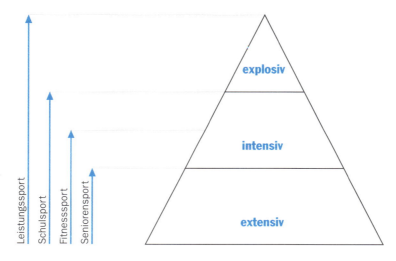

Der Aufbau des Krafttrainings (in Anlehnung an EGGER).

Seniorensportler/innen sollen ihr Krafttraining im extensiven Bereich absolvieren, und zwar mit relativ grossen Wiederholungszahlen.

Fitnesssportler/innen können – nach einem extensiven Grundlagentraining – auch im intensiven Bereich einen Schnupperlehrgang wagen.

Auch Schulsportler/innen können, ja sollen ein Muskelaufbautraining durchführen. Aufgrund ihrer günstigen Voraussetzungen im Schnellkraft- und Schnelligkeitsbereich sollen diese Leistungsfähigkeiten parallel zum Krafttraining gefördert werden: intensives Training.

Beim extensiven Kraft-, Schnellkraft- und Reaktivkraft- sowie Schnelligkeitstraining sind – im Gegensatz zum Ausdauertraining – die Bewegungsintensitäten relativ hoch! Der Trainingseinsatz soll 20 Sekunden nicht überschreiten!

Leistungssportler/innen sollen – je nach Zielsetzungen – in ihren Sportarten die Pyramide (vgl. Abb. Seite 78) bis zuoberst ausschöpfen und erklimmen, also vom extensiven über das intensive Training bis hin zur explosiven Stufe.

Im kurzfristigen Trainingsprozess – z. B. während eines Jahres – ist eine genaue Planung zum Erreichen guter Leistungen zu einem bestimmten Zeitpunkt von grosser Bedeutung.

Im Seniorensport wird über das ganze Jahr vorwiegend im extensiven Bereich trainiert. Variiertes Training – z. B. Wechsel der Trainingsübungen – erhöht Freude, Motivation und oft auch die Effizienz.

Im Fitnesssport kann zusätzlich zur Variation der Trainingsübungen zwischen extensivem und mässig intensivem Krafttraining abgewechselt werden.

Das Training im Schulsport soll zwar in erster Linie vielseitig und abwechslungsreich sein, dennoch aber zielorientiert. Das Jahrestraining beispielsweise auf einen Schulsporttag oder einen anderen Höhepunkt auszurichten und vielleicht sogar zu periodisieren, stiftet durchaus Sinn (vgl. Abschnitt «Leistungssport»).

Im Leistungssport kommt der Periodisierung des Trainings grosse Bedeutung zu! Je nach Zielsetzungen und Stand der langfristig erworbenen und gefestigten Kernvoraussetzungen (Kernpotenziale) müssen die Leistungssportler/innen ihr Leistungsvermögen nicht zwingend über ein extensives Krafttraining aufbauen. Der Aufbau kann von mässig intensiv über hochintensiv zu explosiv gestaltet werden.

Im kurzfristigen Trainingsprozess über ein Jahr soll zuerst die Maximalkraft, dann die Schnellkraft und letztlich die Schnelligkeit (gekoppelt mit der intermuskulären Koordination) schwerpunktmässig gefördert werden!

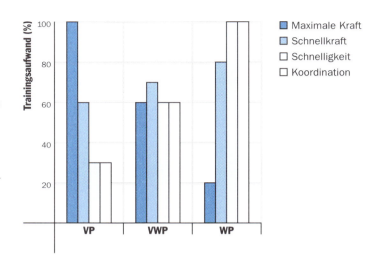

Der kurzfristige Aufbau des Kraft-, Schnellkraft- und Reaktivkraft- sowie des Schnelligkeitstrainings über ein Jahr (nach KUNZ).

Welche Trainingsmittel und Trainingsübungen sind sinnvoll?

Beim Kraft-, Schnellkraft- und Reaktivkraft- sowie beim Schnelligkeitstraining kann der Widerstand gebildet werden durch

- die Masse des eigenen Körpers oder einzelner Körperteile
- leichte Zusatzbelastungen, z. B. Medizinball, Kugelhanteln u.ä.
- Partner/innen
- Kraftmaschinen
- Langhanteln

Als Trainingsmittel werden hier jene Hilfsmittel bezeichnet, die im Training als Widerstand eingesetzt werden können!

Alle Trainingsmittel haben spezifische Wirkungen und – richtig eingesetzt – ihre Berechtigung! Sie haben aber auch bestimmte Vor- und Nachteile!

Die einzelnen Trainingsmittel müssen je nach (Lern- und Leistungs-)Alter, Fitness, Gesundheit und Zielsetzungen unterschiedlich eingesetzt werden.

Im Seniorensport sind, wegen der gleichzeitigen Koordinationsförderung, vor allem der eigene Körperwiderstand und wegen der geringen Verletzungsgefahr auch Kraftmaschinen geeignete Trainingsmittel.

Trainingsmittel	Vorteile	Nachteile
eigener Körperwiderstand (Gesamtkörper, einzelne Körperteile)	sportspezifisch je nach Trainingsübung: gute Wirkung auf die Maximal-, Schnell- und Reaktivkraft und die Schnelligkeit; gleichzeitiges Training der intermuskulären Koordination	auf höherem Leistungsniveau wenig Wirkung auf die Maximalkraft; isoliertes Auftrainieren einzelner Muskeln ist schwierig
Leichte Zusatzbelastungen (z. B. Medizinball)	sportspezifisch; gute Wirkung auf die Schnell- und Reaktivkraft und die Schnelligkeit; gleichzeitiges Training der intermuskulären Koordination	nicht geeignet zur Steigerung der Maximalkraft; isoliertes Trainieren einzelner Muskeln ist schwierig
Partnerwiderstand: z. B. Kniebeugen an der Sprossenwand mit Partner auf den Schultern	sportspezifisch; geeignet als Maximalkrafttraining; der Leistungsfähigkeit angepasst dosierbar; gezielte Kräftigung einzelner Muskeln	nicht geeignet zur Steigerung der Schnell- und Reaktivkraft und der Schnelligkeit; auf hohem Leistungsniveau wenig Wirkung auf die Maximalkraft
Kraftmaschinen für eingelenkige Bewegungen: z. B. Kniestreckmaschine	geringe Verletzungsgefahr; gezielte Kräftigung einzelner Muskeln; gute Wirkung auf den Querschnitt der langsamen Muskelfasern	wenig sportspezifisch; geringe Wirkung auf die inter- und intramuskuläre Koordination und auf die schnellen Muskelfasern
Kraftmaschinen für mehrgelenkige Bewegungen (z. B. Beinpresse)	geringe Verletzungsgefahr; gezielte Kräftigung einzelner Muskelketten; Förderung der intermuskulären Koordination der belasteten Muskelkette	keine Förderung der Gesamtkörperkoordination, keine gleichmässige Entwicklung der Gesamtkörperkraft
Langhantel: Ganzkörperübungen (z.B.) Kniebeugen, Umsetzen, Reissen	sportartspezifisch; Verbesserung der Gesamtkörperkoordination und der Gesamtkörperkraft; geeignet zur Steigerung der intramuskulären Koordination und des Querschnitts der schnellen Muskelfasern	bestimmtes Verletzungsrisiko; Auftrainieren schwacher Muskeln nur schwer möglich (Ausweichen); weniger geeignet zur Vergrösserung des Querschnitts der langsamen Muskelfasern

Übersicht über die Vor- und Nachteile der einzelnen Trainingsmittel (nach KUNZ).

Im Fitnesssport wird – wegen des geringen Verletzungsrisikos – die Arbeit an Kraftmaschinen bevorzugt. Das Training der intermuskulären Koordination darf aber nicht vernachlässigt werden! Empfehlung: Eigenen Körperwiderstand, Kugelhanteln oder auch Partner/innenwiderstand nutzen.

Im Schulsport hat das Training der intermuskulären Koordination Priorität. Dementsprechend soll zuerst mit dem eigenen Körperwiderstand oder jenem des Partners und mit leichten Zusatzbelastungen in Richtung Schnellkraft- und Schnelligkeitsentwicklung trainiert werden. Wenn, nachdem die Trainingsübungen erschwert worden sind, der eigene Körperwiderstand nicht mehr genügt, um die Kraft zu steigern, können ältere Schüler/innen auch mit einem Training an Kraftmaschinen und mit der Hantelarbeit beginnen.

> Die eingesetzten Trainingsübungen gilt es zielgruppenorientiert, aber auch auf die individuellen Voraussetzungen abzustimmen! Ziel ist es, sie technisch richtig auszuführen, die harmonische Entwicklung der gesamten Körpermuskulatur zu fördern und Fehlbelastungen zu vermeiden!

Im Leistungssport haben alle Trainingsmittel – sinnvoll eingesetzt – ihre Berechtigung. Weil das Training gegen den eigenen Körperwiderstand und das Hanteltraining eine positive Wirkung auf die Entwicklung der inter- und der intramuskulären Koordination haben, sind sie anderen Trainingsmitteln vorzuziehen. Umfassend effiziente Leistungsvoraussetzungen (Leistungspotenzen) können letztlich nur mit sog. harten Trainingsmassnahmen optimiert werden. Beispiele: Tiefsprünge oder Heben von schweren Hanteln.

«… und wann endlich folgen Taten?» – Praktische Beispiele:

Beim Krafttraining mit dem eigenen Körperwiderstand
werden folgende Ziele verfolgt:
Über eine Vergrösserung des Muskelquerschnitts die Maximalkraft zu entwickeln sowie die intermuskuläre Koordination zu verbessern.
Zielgruppen: Senioren-, Fitness- und Schulsport.

1. Fussstrecken im Einbeinstand auf der untersten Stufe der Sprossenwand.

2. Fussbeugen im Langsitz gegen den Widerstand des anderen Fusses.

3. Im Grätschstand Gewichtsverlagerung auf das eine Bein und einbeinige tiefe Kniebeuge bei gestrecktem anderen Bein.

4. Sich in Rückenlage auf dem glatten Hallenboden gegen die Ferse oder die Füsse gegen das Gesäss ziehen.

5. Einbeiniges Knieheben im Stand gegen den Widerstand der Arme.

6. Auf dem Rücken liegend mit angewinkeltem Bein einbeinig die Hüfte hochschieben.

7. Aus der Seitenlage mit abgestütztem Unterarm das eine Bein seitwärts heben und anschliessend das andere Bein hochziehen.

8. Einrollen auf dem Schrägbrett aus dem Hang an der Sprossenwand.

Zeigen Übungen nicht die erhofften Wirkungen, gilt es sie erschwerend zu variieren. Beispiel: Klimmzüge aus dem freien Hang.

9. Aus der Bauchlage mit den Händen hinter dem Kopf Beine, Oberkörper und Arme rückwärts heben.

10. Wechselseitige Liegestütze am Kasten- oder Langbankende.

11. Klimmzüge aus dem Schräghang an der Reckstange.

12. Scheibenwischerbewegung in der Rückenlage.

Beim Krafttraining gegen Partner/innen-Widerstand
wird die Steigerung der Maximalkraft durch Muskelquerschnitt-
vergrösserung angestrebt.
Zielgruppen: Fitness-, Schul- und Leistungssport.

1. Zehenstand an der
Sprossenwand mit
Partner auf den
Schultern.

2. Füsse beugen im
Sitzen: Partner steht
auf den Füssen.

3. Kniestrecken –
gegen den Widerstand
des Partners – aus
Sitzstellung auf
Schwedenkasten.

4. Kniebeugen aus
Bauchlage auf Schwe-
denkasten bei ge-
streckter Hüfte: Auflage
nur bis zur Hüfte.

5. Beine schliessen
und abspreizen im
Langsitz.

6. Hüftstrecken aus
Rückenlage auf dem
Boden: Partner drückt
auf Hüfte.

7. Hüftbeugen aus
Unterschenkellage auf
Schwedenkasten.

8. Aufrollen und
Armheben rückwärts
aus Oberschenkellage
auf Schwedenkasten.

9. Becken vom Boden
abheben und drehen
(Partner fixiert
Schultern).

10. Arme vorwärts-
rückwärts heben aus
Rückenlage auf
Kasten.

11. Arme und Hände
beugen aus Oberarm-
lage auf Schweden-
kasten.

12. Arme hochstrecken
aus Sitz am Boden.

*Diese Übungen
können beispielsweise
durch einbeinige
Ausführung u. ä.
auch erschwert oder
aber koordinativ
ergänzt werden, zum
Beispiel mit Zusatz-
aufgaben.*

Beim Krafttraining gegen Kraftmaschinen-Widerstände

geht es darum, die Maximalkraft durch Vergrösserung des Muskelquerschnitts zu optimieren!

Zielgruppen: Senioren-, Fitness-, Schul- und Leistungssport.

1. Beinstrecken

2. Beinbeugen

3. Rumpfstrecken

4. Rumpfbeugen

5. Armstrecken

6. Armbeugen

7. Beinöffnen

8. Beinschliessen

9. Hüftstrecken

10. Hüftbeugen

11. Armheben

12. Armsenken

Beim Krafttraining mit der Scheibenhantel

wird das Ziel verfolgt, die Maximal- und Schnellkraftent-
wicklung – Muskelquerschnitt und intramuskuläre Koordination
– gezielt zu fördern, ebenso die intermuskuläre Koordination.
Zielgruppe: Leistungssport.

1. Tiefe, halbe oder
hohe Kniebeugen

2. Bankdrücken
(gerade oder schräg,
enger oder weiter Griff)

3. Umsetzen, Anreis-
sen oder Reissen

4. Zehenstand

5. Bankziehen

6. Stossen oder
Nackenstossen

*Die Hantelübungen
werden – je nach
Sportart und Periodi-
sierung – unter-
schiedlich eingesetzt.
Sie werden in der
gleichen oder in einer
anderen Trainings-
einheit mit speziellen
Übungen für die hin-
tere Oberschenkel-,
die Hüft-, die Bauch-
und die Schulter-
muskulatur ergänzt:
Ergänzendes Kraft-
training, das auch
mit Kraftmaschinen
durchgeführt sinnvoll
sein kann.*

Beim Schnellkrafttraining mit dem Medizinball

wird eine Verbesserung der Schnellkraft angestrebt, ebenso
eine Entwicklung der intermuskulären Koordination!
Zielgruppen: Fitness-, Schul- und Leistungssport.

1. Medizinballschocken rückwärts über den Kopf.

2. Medizinball aus Stand vorwärts über den Kopf werfen.

3. Medizinball vorwärts schocken.

4. Medizinball aus 3-Schritt-Anlauf vorwärts über den Kopf werfen.

Beim Medizinball-werfen wird vor allem die Rumpf- und Armkraft ge-fördert und gestärkt.

5. Medizinball aus Oberschenkellage auf Schwedenkasten vor-wärts über den Kopf werfen.

6. Aus der Rolle rückwärts-vorwärts Medizinball über den Kopf vorwärts werfen.

7. Medizinball aus der Bauchlage an die Wand stossen.

8. Aus dem Sitz Medizinball mit Diskusbewegung vorwärts werfen.

Beim Sprungkrafttraining

wird die Verbesserung der Schnellkraft sowie der Reaktivkraft der Beine angestrebt, zudem soll die intermuskuläre Koordination verbessert und ein Training im Sinne der Verletzungsprophylaxe anvisiert werden. Zielgruppen: Fitnesssport (1, 2), Schulsport (1, 2, evtl. 3, 4 für ältere Schüler/innen) und Leistungssport (1, 2, 3, 4, 5).

1. Sprünge auf weicher Unterlage in vielen unterschiedlichen Varianten: einbeinig, beidbeinig, vorwärts, seitwärts, rückwärts, mit Drehungen. Verbesserung der Schnellkraft, der intermuskulären Koordination. Verletzungsprophylaxe.

2. Sprünge auf der Treppe in verschiedenen Varianten: einbeinig, beidbeinig, vorwärts, seitwärts, hinauf, hinunter u.a.m. Verbesserung der Schnellkraft und der intermuskulären Koordination.

3. Sprünge auf harter Unterlage: Einbeinsprünge, Laufsprünge, Froschhüpfen u.a.m. Verbesserung der Schnellkraft/Reaktivkraft und der intermuskulären Koordination: spezielle Sprungtechnik, horizontale Richtung!

4. Sprünge über die Hürden auf harter Unterlage: Einbeinsprünge, Laufsprünge mit verschiedenen Rhythmen, Froschhüpfen u.a.m. Verbesserung der Schnell- und Reaktivkraft sowie der intermuskulären Koordination: spezielle Sprungtechnik, vertikale Ausrichtung.

5. Plyometrische Sprünge auf harter Unterlage: Einbeinsprünge, Froschhüpfen u.a.m. Verbesserung der Reaktivkraft und der intermuskulären Koordination.

Empfehlung: Nur eine Trainingsvariante pro Trainingseinheit durchführen!

Gezieltes Schnelligkeitstraining

steigert die Reaktions- und Aktionsschnelligkeit und verbessert auch die intermuskuläre Koordination. Zielgruppen: Schul- und Leistungssport.

Kombiniertes Reaktions-/Aktionsschnelligkeits-Training:

Einfache Reaktionen:

1. Hände klatschen auf ein akustisches Signal (z.B. Klatschen).

2. Einen vom Partner horizontal gehaltenen und plötzlich fallengelassenen Stab von oben fangen.

3. Arme – nach Körperberührung am Rücken – schnell strecken.

4. Verfolgungslauf auf Kommando.

Auswahlreaktionen:

1. Im Traben Boden berühren (Kommando: u), Hochspringen (o), nach rechts laufen (e), nach links laufen (i).

2. Von hinten an die Wand geworfenen und von der Wand abgeprallten Ball fangen.

3. Turnschuhraub: Gleich nummerierte Sportler/innen versuchen einen in der Feldmitte plazierten Turnschuh davonzutragen, ohne von den Partner/innen berührt zu werden.

4. Nach rechts oder links weglaufen nach Rechenaufgabe (rechts = ungerade Zahl, links = gerade Zahl).

Aktionsschnelligkeitstraining:

1. Schnelles Fuss-
tapping/Handtapping.

2. Schnelles Knie-
heben (Laufen).

3. Schnelles abwech-
selndes Anfersen in
Bauchlage auf Schwe-
denkasten (Auflage bis
Hüfte).

4. Schnelle Abläufe
aus dem Hochstart.

5. Steigerungsläufe bis
zum Geschwindigkeits-
maximum.

6. Schnelles Seitwärts-
bewegen (Matten mit
dem Fuss berühren).

7. Werfen leichter
Bälle mit verschiede-
nen Wurfvarianten.

8. Ballspiele, auch zur
Schulung der Reak-
tionsschnelligkeit.

Im Fitness- und Seniorensport macht das Schnelligkeitstraining
wenig(er) Sinn, denn das Verletzungsrisiko wird mit zunehmendem Alter wohl immer grösser.

Ein kombiniertes Schnelligkeits- und Koordinationstraining ist
notwendig und wichtig im Schulsport. Spielerisch durchgeführt,
erhöht es die Freude und die Motivation.

Im Leistungssport empfiehlt sich das Schnelligkeitstraining vor
allem dann, wenn die Schnelligkeit eine leistungsbestimmende
Komponente darstellt.

Physische Akzente

Welche Trainingsmethoden und Trainingsbelastungen soll ich wählen?

Im Vordergrund stehen vor allem drei Methoden, die zur Förderung von Kraft und Schnelligkeit zu empfehlen sind:

Dynamisch	Statodynamisch	Statisch

Das dynamische Training gliedern wir in:

dynamisch-schnell, dynamisch-langsam, dynamisch-bremsend

Dynamisch-schnell, dynamisch-langsam und dynamisch-bremsend wird häufig mit den Begriffen konzentrisch, isokinetisch und exzentrisch gleichgesetzt!

Es sind die Trainingsmethoden, die Wiederholungszahlen und die Widerstände, die Qualität und Wirkung des Trainings bestimmen!

Trainings-methoden	Wieder-holungen	Widerstand % W max	Förderung von
Dynamisch-schnell	1 bis 3	90 bis 100 %	Maximalkraft IK
Dynamisch-schnell	4 bis 6	80 bis 90 %	Maximalkraft IK, MQ
Dynamisch-schnell	7 bis 10	70 bis 75 %	Maximalkraft MQ
Dynamisch-schnell	3 bis 10	30 bis 70 %	Schnellkraft Reaktivkraft
Dynamisch-schnell	5 bis 10	0 bis 30 %	Schnelligkeit
Dynamisch-langsam	8 bis 10	50 bis 70 %	Maximalkraft MQ
Dynamisch-bremsend	1 bis 6	100 bis 150 %	Maximalkraft IK, MQ
Dynamisch-bremsend	3 bis 6	50 bis 90 %	Reaktivkraft Schnellkraft
Stato-dynamisch	6 bis 10	60 bis 80 %	Maximalkraft MQ Schnellkraft
Statisch	1 bis 5 Sek.	100 %	Maximalkraft MQ, IK
Statisch	6 bis 10 Sek.	70 bis 85 %	Maximalkraft MQ

Übersicht über die Komponenten, die Qualität und Wirkung des Trainings bestimmen (nach KUNZ).

Beim dynamisch-schnellen Muskeltraining sind die Einsatzzeiten kurz und die Bewegungsintensitäten sehr hoch. Diese Trainingsart wirkt sich vor allem auf die intramuskuläre Koordination aus. Der Muskelquerschnitt kann durch eine Verlängerung der Einsatzzeit bei relativ hohem Widerstand gesteigert werden.

Das dynamisch-langsame Krafttraining gegen relativ grosse Widerstände wirkt nur über eine Vergrösserung des Muskelquerschnitts – besonders der langsamen Muskelfasern – positiv auf die Maximalkraft. Da die Einsatzzeiten dabei relativ lang sind, wird auch die Kraftausdauer deutlich verbessert.

Beim dynamisch-bremsenden Training stellen wir die grösste Belastung des aktiven und des passiven Bewegungsapparates fest. Bei den kurzen möglichen Einsatzzeiten wird speziell die intramuskuläre Koordination und, besonders beim schnellen Dehnen der Muskulatur, jene der schnellen Muskelfasern gefördert.

Das stato-dynamische Training, die Kombination zwischen statischem und dynamischem Training, ist vor allem für jene Sportler/innen sinnvoll, die in ihrer Sportart in dynamischer und in statischer Hinsicht gefordert sind, wie zum Beispiel beim alpinen Skilauf.

Dem statischen Krafttraining kommt eine eher untergeordnete Bedeutung im Hinblick auf die Entwicklung der Kraft und der Schnelligkeit zu. Warum? Die intermuskuläre Koordination wird völlig vernachlässigt, und es werden mehrheitlich die langsamen Muskelfasern gefördert.

Die Wiederholungszahlen, Serienzahlen, Widerstände, Trainingsintensitäten, aber auch die Pausenlängen bestimmen die Trainings-Gesamtbelastung.

Die zu wählenden *Pausenlängen* sind abhängig von der jeweiligen Trainingsintensität, der Ausgangs- oder Kernkondition und den Zielsetzungen des Trainings. Die Pausen sind so zu wählen, dass das Leistungsvermögen beim Kraft- und Schnelligkeitstraining im Verlauf der Trainingseinheit nicht deutlich absinkt und keine hohen Laktatwerte anfallen.

Die Erholungszeiten und damit die Pausenlängen sind beim Maximalkrafttraining wegen der relativ lange dauernden maximalen Muskelbeanspruchungen grösser als beim Schnellkrafttraining, wie zum Beispiel beim Sprung- und Wurfkrafttraining!

Physische Akzente

Beim Kreistraining wird die Übungsauswahl so vorgenommen, dass immer wieder andere Muskelgruppen belastet werden, beispielsweise 6 bis 8 Stationen mit Übungen für die Beine, den Rumpf und die Arme!

Beispiel für einen Stationenbetrieb: Eine Übung – z. B. Hürdensprünge über fünf Hürden – wird zehnmal wiederholt. Danach folgt die nächste Sprungübung.

Beim Maximalkrafttraining drängt sich als Organisationsform das *Kreistraining* auf. Warum? Dieses Circuittraining mit den relativ langen Erholungszeiten nach den einzelnen Trainingsübungen (2 bis 3 Minuten) ist im Hinblick auf das anvisierte Ziel ideal. Beim Schnellkraft- und Reaktivkraft- sowie beim Schnelligkeitstraining sind die Belastungs- und Erholungszeiten eher kürzer als beim Maximalkrafttraining. Deshalb ist auch hier der *Stationenbetrieb* meistens sinnvoller.

> **Die Pausen zwischen den einzelnen Übungen sind für Jugendliche und ältere Menschen etwas länger zu gestalten.**

Für die Seniorensportler/innen eignen sich das dynamisch-langsame und – mit Einschränkungen – auch ein mässiges, dynamisch-schnelles, konzentrisches Training. Die Widerstände dürfen nicht zu gross sein, denn wenn in der Muskulatur viel Laktat produziert wird, wird das Ziel verfehlt. Im Seniorensport genügen 30 bis 45 Minuten pro Trainingseinheit, ein- bis zweimal in der Woche.

Die Fitnesssportler/innen können abwechselnd nach der dynamisch-langsamen und nach der dynamisch-schnellen Methode trainieren, ohne aber von den extremen Methoden Gebrauch zu machen (dynamisch-bremsend). Mit einem zwei- bis dreimaligen, 30 bis 60 Minuten dauernden Kraft- oder eventuell Schnellkrafttraining pro Woche können klare Fortschritte erzielt werden.

Im Schulsport ist die dynamisch-schnelle Trainingsmethode zu bevorzugen. Hohe Belastungen – grosse Widerstände, extreme Trainingsmethoden: z.B. bremsend – sollten vermieden werden. Im Rahmen des Schulturnens und im freiwilligen Schulsport wäre ein regelmässiges wöchentliches Kraft-, Schnellkraft- und Schnelligkeitstraining von etwa 30 Minuten Dauer erstrebenswert. Anzustreben wäre – besonders im Rahmen des freiwilligen Schul- oder Vereinssports – zusätzlich eine zweite, und zwar ähnlich wirkende Trainingseinheit.

Als harte Methoden werden jene Methoden bezeichnet, bei denen die Belastung des Bewegungsapparates sehr gross ist, also wenn es grosse Widerstände zu überwinden gilt oder ein bremsendes Krafttraining durchgeführt wird!

Im Leistungssport können – je nach Sportart, Trainingsphase Leistungsniveau und Zielsetzungen – alle Trainingsmethoden eingesetzt werden. Am wirkungsvollsten sind die sog. *harten Methoden.* Die Anzahl Trainingseinheiten, Belastungen u.a.m. richten sich nach dem Anforderungsprofil der jeweiligen Sportart, ebenso nach den Zielsetzungen und dem Leistungsstand der Sportler/innen.

Wie soll ich das Training kontrollieren und auswerten?

Es wird empfohlen, das Kraft- und Schnelligkeitstraining wie folgt zu *protokollieren*:

• Anzahl Trainingsstunden

• Übungen

• Anzahl Wiederholungen

• Anzahl Serien

• Widerstände

• Pausen

Aus diesen Daten kann dann der Fitness- und Leistungsstand abgeleitet und interpretiert werden.

Leistungstests ermöglichen eine genauere Standortbestimmung:

Die Angabem zum Kraft- und Schnellig-keitstraining sollen im Trainingstage-buch Platz finden.

Bereich	Übungen	Geeignet im
Maximalkraft	Bankdrücken, Um-setzen, Reissen usw.: eine Ausführung; Beinpresse, Armpresse usw.: 1 bis 5 Wiederholungen	Leistungssport Fitnesssport, evtl. Schulsport (ältere Schüler)
Schnellkraft	Jump and Reach; Standweitsprung, 5 fortgesetzte Frosch-hüpfe, Medizinballwerfen; Kugelschocken	Leistungssport, Schulsport, evtl. Fitnesssport
Reaktivkraft	Tiefsprünge mit nach-folgendem Weit- oder Hochsprung (einbeinig, beidbeinig), Laufsprünge, Einbeinsprünge	Leistungssport
Schnelligkeit	30- bis 100-m-Läufe, Pendellauf; einbeiniges Hüpfen mit Zeitmessung; diverse messbare Reaktionsübungen	Leistungssport, Schulsport

Übersicht über mögliche Leistungstests.

Im Seniorensport machen Leistungstests wenig Sinn! Der Fit-nessstand ist bereits hinreichend anhand des Trainingsproto-kolls bestimm- und erkennbar.

Physische Akzente

Im Fitnesssport sind Leistungsstests dann angebracht, wenn Fortschritte angestrebt werden und das Überprüfen der Leistungsvoraussetzungen (oder des Leistungspotenzials) Spass macht und so auch motivierend wirken könnte. Sonst stellen Tests keine Notwendigkeit dar.

Im Schulsport nimmt die allgemeine Leistungsfähigkeit aufgrund des natürlichen psycho-physischen Reife- und Entwicklungsprozesses – mit bestimmten Grenzwerten – kontinuierlich zu. Es ist für Schüler/innen motivierend, die Fortschritte zu dokumentieren und sie so gezielter erkennen zu können. Einfache Leistungstests sind auch deshalb sinnvoll.

> **Je mehr Gewicht auf die Entwicklung der allgemeinen und spezifischen Leistungsvoraussetzungen (Leistungspotenz) gelegt wird, desto wichtiger werden die Leistungstests!**

Im Leistungssport sind Tests wichtig, oft sogar unabdingbar, um die Entwicklung der Leistungsfähigkeit überprüfen und die gewählten Trainingsmassnahmen besser evaluieren zu können. Es können auch elektronische Messmethoden zur Überprüfung von Leistungsanteilen eingesetzt werden: Cybex, Ergo-Jump, Kraftmessplatte u.a.m.

Ausdauertraining «Über und unter der Schwelle!» – Muskelkontraktionen mit mittlerer und tiefer Energieflussrate.

Was verstehe ich unter den Begriffen?

Die Ausdauer ist die psycho-physische Widerstandsfähigkeit gegen Ermüdung bei länger dauernden Muskelkontraktionen. Zur Ausdauer kann auch das Vermögen gerechnet werden, sich nach Belastungen schnell wieder zu erholen.

Die Ausdauer kann unterteilt werden in:
- anaerob alaktazide Kraft- und Schnelligkeitsausdauer
- anaerob laktazide Kraft- und Schnelligkeitsausdauer
- aerobe Kraft- und Schnelligkeitsausdauer
- aerobe Ausdauer

Die anaerob alaktazide Kraft- und Schnelligkeitsausdauer ist die Widerstandsfähigkeit gegenüber Ermüdung bei einer Belastungsdauer von 10 bis 30 Sekunden. Die Energie wird mehrheitlich anaerob bereitgestellt. Die Laktatproduktion ist nicht übermässig. Trainiert wird der Bereich der anaeroben Leistungsfähigkeit: Wie schnell kann anaerob im vorgegebenen zeitlichen Rahmen gelaufen/gefahren/geschwommen werden? Beispiele: 50-m-Crawl-Schwimmen, 200-m-Sprint.

Die anaerob laktazide Kraft- und Schnelligkeitsausdauer ist die Widerstandsfähigkeit gegenüber Ermüdung bei Kraft- oder Schnelligkeitsbelastungen von 30 bis 180 Sekunden Dauer. Die Energie wird mehrheitlich anaerob bereitgestellt. Die Laktatproduktion ist sehr gross. Die Laktattoleranz ist das Mass für die Dauer der intensiven Belastung. Anaerobe Kapazität: Wie lange kann mit relativ hoher Intensität trainiert werden? Beispiele: Wie viele Wiederholungen können mit einem Widerstand von 60% des Maximums ausgeführt werden, und wie lange kann auf dem Laufband mit 8 m/sec gelaufen werden?

Die aerobe Kraft- und Schnelligkeitsausdauer ist die Widerstandsfähigkeit gegenüber Ermüdung bei Belastungszeiten von 3 bis 15 Minuten. Die Energiebereitstellung erfolgt zu einem grösseren Teil aerob. Aufgrund des relativ hohen Kraft- und Schnelligkeitseinsatzes wird in der Muskulatur aber auch Laktat produziert.
Beispiele: Rudern über zwei Kilometer; Laufen während zwölf Minuten.

Die aerobe Ausdauer ist die Widerstandsfähigkeit gegenüber Ermüdung bei Belastungszeiten über 15 Minuten. Die absolute Belastungsintensität ist gering. Die Energie wird zum grössten Teil aerob bereitgestellt. Es kann unterschieden werden zwischen aerober Leistungsfähigkeit – beispielsweise: Wie schnell kann an der anaeroben Schwelle gelaufen oder gefahren werden? – und aerober Kapazität: Wie lange kann mit der anaeroben oder aeroben Schwellengeschwindigkeit gelaufen oder gefahren werden?

Bei der anaeroben und der aeroben Ausdauerfähigkeit kann weiter unterschieden werden zwischen
- *dynamischer, stato-dynamischer* und *statischer* Ausdauerfähigkeit sowie
- *allgemeiner* und *lokaler* Ausdauerfähigkeit.

Die aerobe Ausdauerfähigkeit kann zudem unterteilt werden in
- *Grundlagenausdauer* und
- *spezielle Ausdauerfähigkeit*.

Beispiele für dynamische Ausdauersportarten: Laufen und Schwimmen. Beispiel einer stato-dynamischen Ausdauersportart: Skiabfahrtslauf. Beispiel einer statischen Ausdauersportart: Segeln im Trapez.

Allgemeine Ausdauer: Mehr als 1/3 beteiligte Muskelmasse! Lokale Ausdauer: Weniger als 1/3 beteiligte Muskelmasse!

Die Grundlagen-Ausdauerfähigkeit ist die Kernfähigkeit für die Entwicklung aller übrigen Leistungsfähigkeiten (Leistungspotenziale). Die spezielle Ausdauerfähigkeit ist die Ausdauerfähigkeit in der jeweiligen Sportart.

Was muss ich wissen?

Die anaerobe Ausdauerfähigkeit ist abhängig von

- den Phosphatreserven
- den Enzymen des anaeroben Stoffwechsels
- der Laktattoleranz und
- dem Anteil kraft- und schnelligkeitstrainierter, schneller glykolytischer Muskelfasern.

Das Atmungs-Herz-Kreislauf-System wird speziell gefordert, um die Sauerstoffschuld während der Belastung und in der Erholungsphase auszugleichen. Gut anaerob ausdauertrainierte Sportler/innen haben ein kräftiges Herz, was sich in einer dicken Herzwand zeigt.

Die aerobe Ausdauerfähigkeit ist abhängig vom Atmungs-Herz-Kreislauf-System.

> Je mehr sauerstoffreiches Blut über das Atmungs-Herz-Kreislauf-System in die Muskulatur transportiert und dort verwertet werden kann, desto günstiger sind die Voraussetzungen für gute aerobe Ausdauerleistungen dank einem günstigen Sauerstoffaufnahmevermögen!

Worin zeichnen sich gute Sportler/innen bezüglich aerober Ausdauer aus? Antwort: durch

- ein grosses Atemminutenvolumen
- ein grosses Herzminutenvolumen und
- eine gute Kapillarisierung.

Die aerobe Ausdauer wird zudem bestimmt durch

- die Grösse der Energiespeicher (Glykogen, Fett)
- die Anzahl der Mitochondrien in der Muskulatur
- die Enzyme in den Mitochondrien und
- den Anteil langsamer, ausdauertrainierter Muskelfasern.

> Im Ausdauerbereich spielen neben den physischen Komponenten vor allem die Motivation und die mentale Stärke nicht zu unterschätzende Rollen. Sie bestimmen massgebend die Qualität des Trainings und ermöglichen auch das Ausschöpfen der Reserven in Grenzbereichen.

Die einzelnen Ausdauerbereiche können nach verschiedenen Kriterien voneinander abgegrenzt werden:

Bereiche/ Kriterien	10–30 Sekunden	30–180 Sekunden	3–15 Minuten	15–60 Minuten	1–3 Stunden	über 3 Stunden
HF/min.	150–180	180–210	170–200	160–190	150–180	140–170
Laktat (mmol/l)	4–12	12–24	10–20	4–14	2–6	2–4
Alaktazid (%)	50–70	20–30	0–10			
Laktazid (%)	20–30	40–60	30–40	20–30	0–10	0–5
aerob (%) (Glykogen)	10–20	20–30	50–70	40–60	30–50	10–30
aerob (%) (Fett)				20–30	50–60	70–85

Übersicht über die Abgrenzungen der verschiedenen Ausdauerbereiche bei den Kriterien Herzfrequenz (HF), Laktatproduktion und Energiebereitstellung (nach KUNZ).

Die Ausdauerfähigkeiten können mit spezifischen Messverfahren bestimmt werden. Geeignet sind

- Zeitmessungen mit der Stoppuhr oder mit elektronischen Messmethoden
- Herzfrequenzmessungen durch Pulstastung oder Pulsmessgeräte
- Laktatmessungen und Messung des Sauerstoffaufnahmevermögens

Die *anaerob alaktazide Leistungsfähigkeit* kann mit der Zeit- und Laktatmessung bestimmt werden. Je weniger Zeit für eine bestimmte Belastung in einem zeitlichen Rahmen von 10 bis 30 Sekunden benötigt wird oder je weniger Laktat bei hoher, gleichbleibender Leistung über eine bestimmte Zeit – z. B. 30 Sekunden – produziert wird, desto besser ist die anaerobe Leistungsfähigkeit.

Die anaerobe alaktazide Leistungsfähigkeit ist vor allem von der Grösse der Phosphatspeicher in der Muskulatur abhängig.

Das anaerob alaktazide Ausdauertraining entspricht bezüglich Belastungsdauer dem Kraftaufbautraining (mit 10 Wiederholungen). Es werden demnach gleichzeitig die Kraft und die alaktazide Ausdauer gefördert, was für alle Trainierenden sinnvoll sein kann.

Die anaerobe Kapazität – früher auch als Stehvermögen bezeichnet – kann ebenfalls mit der Zeit- und Laktatmessung bestimmt werden. Je länger eine bestimmte, gleichbleibend hohe Leistung – z. B. auf dem Ergometer – in einem zeitlichen Rahmen von 30 bis 180 Sekunden erbracht werden kann und je höher dabei die Laktatwerte sind, desto besser ist die anaerobe Kapazität.

Das anaerob laktazide Ausdauertraining hat positive Auswirkungen auf das Leistungsvermögen in Sportarten mit Belastungen im anaerob laktaziden Bereich. Es wirkt aber meistens kontraproduktiv auf die Kraft- und Schnelligkeitsfähigkeiten und kann, wenn es übertrieben wird, auch die aeroben Ausdauerqualitäten negativ beeinflussen. Zudem hat es im Hinblick auf die Gesundheit eher negative Auswirkungen: extreme Belastung der Muskulatur und des Atmungs-Herz-Kreislauf-Systems. Leistungssportler/innen wird empfohlen, nur dann im anaerob laktaziden Bereich zu trainieren, wenn es ihre Sportart unbedingt erfordert. Im Schul-, Fitness- und Alterssport sind anaerob laktazide Belastungen zu vermeiden!

Die aerobe Leistungsfähigkeit kann annäherungsweise mit der Zeitmessung bestimmt werden. Je kürzer die Zeit für eine mindestens 15 Minuten dauernde Belastung ausfällt, desto grösser ist sie. Allein nur mit der Zeitmessung kann jedoch nicht beurteilt werden, wie gross die aeroben und anaeroben Leistungsanteile sind. Die Messung der Herzfrequenz – z. B. beim Conconi-Test – kann nähere Informationen über das aerobe Leistungsvermögen geben.

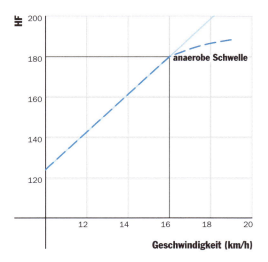

Beim Conconi-Test (z. B. Laufen) wird je nach Leistungsfähigkeit der Sportler/innen auf relativ tiefem Leistungsniveau (z. B. acht Stundenkilometer) begonnen und jeweils nach 200 Metern die Laufgeschwindigkeit um 0,5 Meter pro Sekunde erhöht. Normalerweise steigt die Herzfrequenz linear mit der Steigerung der Laufgeschwindigkeit bis zu jenem Punkt, der als anaerobe Schwelle bezeichnet wird.

Die Herzfrequenz in Abhängigkeit von der Laufgeschwindigkeit beim Conconi-Test.

Die anaerobe Schwelle ist der Punkt, wo sich Laktatproduktion und Laktatabbau die Waage halten (Laktat steady state). Die Leistung an der anaeroben Schwelle wird als aerobe Leistungsfähigkeit (oder: aerobes Leistungsvermögen) bezeichnet. Die Pulsfrequenzkurve flacht nach dem Erreichen der anaeroben Schwelle ab, wodurch der Schwellenwert meistens gut bestimmbar wird.

Die aerobe Leistungsfähigkeit kann auch mit einem Laktatstufentest bestimmt werden.

Bei dieser Bestimmung wird auf jeder frei wählbaren, aber regelmässig erhöhten Leistungsstufe während mindestens drei Minuten trainiert (Laufband, Fahrrad-, Ruderergometer). In kurzen Pausen – etwa eine Minute – werden die Blutlaktatwerte gemessen. Die Stufen werden so lange erhöht, bis der Test wegen Erschöpfung abgebrochen werden muss!

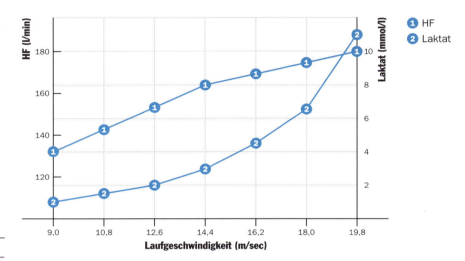

Laktat- und Herzfrequenz in Abhängigkeit von der Laufgeschwindigkeit beim Laktatstufentest.

Beim Laktatstufentest kann zusätzlich die Herzfrequenz gemessen werden. Sie kann beim Bestimmen des Schwellenwertes miteinbezogen werden. Der individuelle Schwellenwert kann mit der Tangentenmethode bestimmt werden. Dieser Wert ist bei wenig ausdauertrainierten Sportler/innen eher hoch (4 bis 6 mmol/l), bei Ausdauersportler/innen eher tief (2,5 bis 3,5 mmol/l). Weil der individuelle Schwellenwert nicht immer klar bestimmbar ist, kann auch beim Vergleichen verschiedener Leistungstests die Leistung bei 4 mmol/l berücksichtigt werden.

Das Sauerstoffaufnahmevermögen ist ebenfalls ein Mass für die aerobe Leistungsfähigkeit. Je mehr Sauerstoff vom Körper aufgenommen und verbraucht werden kann, desto grösser ist das aerobe Ausdauerpotenzial. Die maximale Sauerstoffaufnahme ($VO_{2\,max}$) wird üblicherweise als relativer, auf das Körpergewicht bezogener Wert angegeben. Sie kann nur wenig gesteigert werden. Die aerobe Ausdauer kann aber trotzdem verbessert werden, indem das $VO_{2\,max}$-Potenzial besser ausgeschöpft und die $VO_{2\,max}$-Leistung länger durchgehalten wird. In der Praxis wird – wegen der aufwendigen Apparaturen beim $VO_{2\,max}$-Test und der Schwierigkeit bei der Interpretation der Testergebnisse – der Laktatstufentest gegenüber dem $VO_{2\,max}$-Test bevorzugt.

Die aerobe Kapazität ist ein Mass für die Fähigkeit (das heisst: Kompetenz), eine bestimmte Leistung relativ lange durchzustehen. Ein/e gut trainierte/r Ausdauersportler/in kann beispielsweise gegen eine Stunde mit seiner/ihrer Schwellenleistung trainieren, wogegen ein/e ausdauermässig schlecht trainierte/r Sportler/in schon nach zehn Minuten aufgeben muss.

Wenn über eine relativ lange Zeit an der anaeroben Schwelle trainiert – gelaufen oder gefahren – wird, dann wird der Glykogenstoffwechsel gefördert. Bei niedriger Intensität (2 mmol/l Laktat) wird der Fettstoffwechsel angeregt.

> **Das Grundlagen-Ausdauertraining ist für das gesamte Training sehr zentral!**
> **Zudem ist es auch gesundheitsfördernd!**

Die positiven Auswirkungen des Grundlagenausdauertrainings sind:
- Steigerung der aeroben Ausdauer
- Verbesserung des Erholungsvermögens
- Erhöhung der psycho-physischen Belastbarkeit
- Verringerung koordinativer Fehlleistungen
- Reduktion der Verletzungsanfälligkeit
- Gesunderhaltung des Atmung-Herz-Kreislauf-Systems
- Optimierung des Körpergewichts
- gesteigerte Lebensfreude

Eine genaue Standortbestimmung ist die Basis für realistische Zielsetzungen und die Trainingsplanung.

Wo stehe ich?

Welche Fragen gilt es im Bereich Ausdauer für eine weiterführende *Standortbestimmung* zu beantworten? Vor allem diese:
- Wieviel und welche Art Ausdauertraining ist bisher gemacht worden?
- Wie hoch ist das Niveau der Ausdauerfähigkeiten?
- Wie ist die Gesundheit des Atmungs-Herz-Kreislauf-Systems und des Bewegungsapparates?
- Wie sind die konstitutionellen Voraussetzungen?
- Wie steht es mit der physischen und psychischen Belastbarkeit?
- Welche Trainingsbedürfnisse gilt es zu befriedigen, und wie steht es mit der Motivation?

Tests zur Messung der anaerob laktaziden Ausdauer sind nur für Leistungssportler/innen sinnvoll, aber auch dann nur für jene, die ihre sportartspezifische Leistung mindestens teilweise anaerob laktazid erbringen müssen.

Vor jedem Beginn eines gezielten Ausdauertrainings gilt es stets den Gesundheitszustand vor allem des Atmungs-Herz-Kreislauf-Systems gründlich abzuklären!

Beispiele für anaerob laktazide Ausdauertests sind Circuittests zur Erfassung der Kraftausdauerfähigkeit; sportartspezifische Tests zur Bestimmung der Schnelligkeitsausdauerfähigkeit.

Aerobe Ausdauertests sind im Gegensatz zu Krafttests auch für Einsteiger/innen durchaus geeignet!

Welche Formen sind in diesem Zusammenhang geeignet?
- Wie lange kann ich auf einem bestimmten, tiefen Niveau, und zwar ohne Unterbruch, trainieren, z. B. laufen oder fahren (Einsteiger/innen)?
- Welche Leistung (in Kilometern und Metern gemessen) erbringe ich im 12-Minuten-Lauf?
- Wie ist die aerobe Leistungsfähigkeit an der anaeroben Schwelle (Conconi-, Laktatstufen-, $VO_{2\,max}$-Test)?
- Wie steht es um meinen Ruhe- und Belastungspuls? Wie gross ist der Herzfrequenzabfall in der Erholungsphase? Wie hoch sind die Pulswerte 30 Sekunden/3 Minuten nach Belastungsende?

Je höher das Leistungsniveau, desto differenzierter müssen die Ausdauertests sein (siehe Trainingskontrollen).

Was will ich erreichen?
Das anaerob alaktazide Ausdauervermögen ist die Kernfähigkeit für Maximal-, Schnell- und Reaktivkraft sowie die maximale Schnelligkeit. Durch ein Training in diesen Bereichen werden die Speicher- und Resynthesekapazität für Kreatinphosphat gefördert, aber auch relativ lang dauernde Muskeleinsätze auf hohem Leistungsniveau ermöglicht.

Wer seine Leistungsfähigkeit (Leistungspotenz) im anaerob laktaziden Bereich steigern will, muss parallel dazu sowohl die anaerobe Kapazität als auch die Leistungsfähigkeit verbessern. So wird einerseits – dank der grossen Phosphatreserven – die Laktatproduktion später anlaufen und andererseits wird die Aktivität der Enzyme des anaeroben Stoffwechsels und die Laktattoleranz erhöht. Auf diese Weise kann letztlich die Fähigkeit erworben werden, auch auf hohem Niveau und ohne Leistungseinbruch Leistungen im Bereich von 30 bis 180 Sekunden zu erbringen.

Wird eine Verbesserung der aeroben Kraft- und Schnelligkeitsausdauer angestrebt, ist ein Training zu empfehlen, das zwischen 3 und 15 Minuten dauert, und zwar mit relativ grossen Widerständen oder Frequenzen.
Beispiel: Radfahren mit grossen oder kleinen Übersetzungen. Das Training ist intensiv – also leicht oberhalb des Schwellenwertes – und auch nicht ökonomisch, aber es verbessert die gewünschte Leistungsfähigkeit.

Das Training der aeroben Kapazität wird häufig auch als Grundlagenausdauertraining bezeichnet.

Wer im aeroben Ausdauerbereich Fortschritte erzielen will, wird mit Vorteil zuerst, und zwar durch langdauerndes aerobes Ausdauertraining, die *aerobe Kapazität* steigern und später dann auch – durch intensivere Belastungen – das aerobe Leistungsvermögen erhöhen. Die Mischung dieser beiden Trainingsvarianten gilt es sowohl nach sportart(en)spezifischen als auch nach individuellen Kriterien zu optimieren.

Zielgruppen	Trainingsziele
Seniorensport	Anaerob alaktazide Ausdauer
	Aerobe Ausdauer (Kapazität)
Fitnesssport	Anaerob alaktazide Ausdauer
	Aerobe Kraftausdauer
	Aerobe Ausdauer (Kapazität und Leistungsfähigkeit)
Schulsport	Anaerob alaktazide Ausdauer
	Aerobe Ausdauer (Kapazität und Leistungsfähigkeit)
Leistungssport	Anaerob alakazide Ausdauer
	Anaerob laktazide Ausdauer (Kapazität)
	Aerobe Kraft- und Schnelligkeitsausdauer
	Aerobe Ausdauer (Kapazität und Leistungsfähigkeit)

Übersicht über zielgruppenabhängige Trainingsziele (nach KUNZ).

Die Seniorensportler/innen sollen auf der einen Seite beim anaerob alaktaziden Ausdauertraining (Kraftausdauertraining) nicht über eine Belastungsdauer von 30 Sekunden hinausgehen und auf der anderen Seite beim aeroben Ausdauertraining eher lange, aber wenig intensive Belastungen wählen!

Im Fitnesssport soll das anaerob alaktazide Ausdauertraining (Kraftausdauer) nicht länger als 30 Sekunden pro Serie dauern. Belastungen im zeitlichen Rahmen von 30 bis 180 Sekunden (z. B. 20 bis 60 Wiederholungen) sollen vermieden werden. Aerobe Kraftausdauertrainings – z.B. 10 bis 15 Minuten Rudern auf dem Ergometer – sind weniger belastend und haben trotzdem eine positive Wirkung sowohl auf die Kraft als auch auf die Ausdauer. Das wichtigste gesundheitsfördernde Training – auch für die Gesundheitserhaltung – ist jedoch das aerobe Ausdauertraining. Das Training der aeroben Kapazität – langdauernde, wenig intensive Belastungen – hat Priorität. Jüngere Fitnesssportler/innen sollen gelegentlich auch etwas für die Verbesserung ihrer aeroben Leistungsfähigkeit tun, indem sie im Bereich der anaeroben Schwelle trainieren.

Im Schulsport gelten die gleichen Empfehlungen wie im Fitnesssport , wenn auch mit kleinen Abweichungen. Im anaerob alaktaziden Ausdauertraining sind auch Schnellkraft- und Schnelligkeitsausdauerbelastungen durchaus sinnvoll. Hingegen ist es ratsam, das aerobe Kraftausdauertraining zugunsten des aeroben Ausdauertrainings etwas zurückzustellen, denn es ist sinnvoller, zuerst die Anpassungsprozesse für die aeroben Ausdauerbelastungen auszulösen – z.B. Vergrösserung des Herzvolumens, Kapillarisierung. Zudem verkraften Jugendliche laktazide Belastungen weit weniger gut als Erwachsene.

Unter einem Übertraining verstehen wir eine Leistungsverminderung, die durch ein Missverhältnis zwischen Belastung und Erholung zustande gekommen ist. Es kann – unter anderem – anhand von psycho-physischen Symptomen diagnostiziert werden.

Im Leistungssport können, natürlich sportartbezogen, alle Varianten des Ausdauertrainings Sinn stiften. Entscheidend ist die richtige Gewichtung, denn einmal mehr gilt: «Allein die Dosis macht's!» (PARACELSUS). Vorsicht ist jedoch geboten beim anaerob laktaziden Ausdauertraining, weil dieses Training den Körper am meisten belastet und es so leicht zu Übertrainingszuständen führen kann. Auch gilt es zu berücksichtigen, dass ein Ausdauertraining andere leistungsbestimmende Komponenten eher negativ beeinflussen kann, so zum Beispiel die Maximalkraft, die Schnell- und Reaktivkraft sowie die Schnelligkeit.

Gut aerob ausdauertrainierte Sportler/innen haben gewöhnlich einen tiefen Ruhepuls (40–45 Schläge/Minute), einen relativ hohen Leistungspuls (180–200 Schläge/Minute) und einen schnellen Pulsabfall in der Erholungsphase (über 60 Schläge in 3 Minuten).

Was soll ich wie planen?

Die meisten Richtlinien der Trainingsplanung des Kraft- und Schnelligkeitstrainings treffen auch für das Ausdauertraining zu. Der Kernsatz, beim Kraft- und Schnelligkeitstraining «Von extensiv über intensiv zu explosiv!» vorzugehen, wird beim Ausdauertraining reduziert auf «Von extensiv zu intensiv!». Allerdings wird unter extensiv und intensiv beim Kraft- und Ausdauertraining nicht dasselbe verstanden. Beim Krafttraining bedeutet extensiv beispielsweise: 6 Übungen mit 4 bis 8 Serien und 10 Wiederholungen (20 bis 30 Sekunden), während für eine erstrebenswerte aerobe Ausdauer eine oder mehrere Stunden trainiert werden muss. Intensives Krafttraining kann bedeuten: 6 Übungen mit 2 bis 3 Serien und 3 bis 6 Wiederholungen, und dies mit 80 bis 90% des maximalen Widerstandes. Intensives aerobes Ausdauertraining heisst hingegen beispielsweise während 30 bis 45 Minuten Laufen an der anaeroben Schwelle.

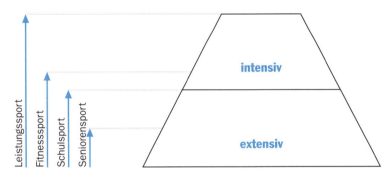

Der langfristige Aufbau des Ausdauertrainings (in Anlehnung an EGGER).

Im langfristigen Trainingsprozess soll zuerst die Dauer des aeroben Ausdauertrainings erhöht werden. Dies gilt für alle Sportler/innen-Gruppen. Für Nicht-Ausdauersportler, aber auch im Senioren-, Fitness- und Schulsport genügt es, sich 45 bis 60 Minuten ohne Unterbruch im aeroben Ausdauerbereich bewegen zu können.

Wer höhere Ambitionen im Ausdauerbereich hat, muss die aerobe Kapazität weiter steigern, später zusätzlich an der aeroben
Leistungsfähigkeit arbeiten und je nach Sportart auch
die anaerobe Ausdauerfähigkeit fördern (z. B. Rudern, Mittel-
strecken).

Im kurzfristigen
Trainingsprozess
(6 bis 12 Monate)
hat ebenfalls das
Training der aero-
ben Kapazität erste
Priorität. Gleichzei-
tig kann die an-
aerob alaktazide
Ausdauer gefördert
werden: z. B. Kraft-
aufbautraining. Zu
einem späteren
Zeitpunkt werden
das Training der
aeroben Leistungs-
fähigkeit und bei
gewissen Sportar-
ten jenes der
anaerob laktaziden
Ausdauer mehr
gewichtet.

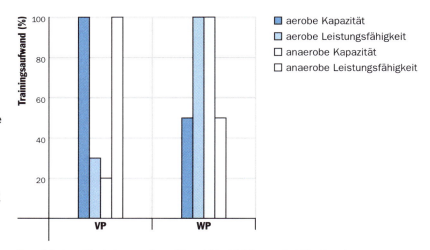

Kurzfristiger Trainingsaufbau über 6 bis 12 Monate bei Kraft- oder
Schnelligkeitsausdauer-Sportarten (nach KUNZ).

Bei der Planung des Ausdauertrainings gibt es keine grund-
sätzlichen Unterschiede zwischen den Sportlergruppen. Intensives aerobes und anaerob laktazides Ausdauertraining bleibt
aber den Leistungssportler/innen vorbehalten.

Welche Trainingsmassnahmen sind sinnvoll?

Die Ausdauer kann mit den unterschiedlichsten Trainingsmassnahmen wirkungsvoll gefördert werden.

Die Vor- und Nachteile der üblichen Trainingsmassnahmen im
Ausdauerbereich werden in folgender Tabelle zusammenge-
fasst:

Trainings-massnahmen	Vorteile	Nachteile
Walking	gelenkschonend; gute Körperhaltung	geringe Wirkung auf Ausdauerorgane
Laufen	grosse und schnelle Wirkung auf Ausdauer-organe; gute Körper-haltung	gelenkbelastend; Dysbalancen möglich
Radfahren	gelenkschonend; grosse Wirkung auf Ausdauerorgane	Körperhaltung; Dysbalancen möglich
Schwimmen	gelenkschonend; vier Schwimmstile; grosse Wirkung auf Ausdauerorgane	wenig Wirkung auf Beine
Skilanglaufen	Ganzkörpertraining; gelenkschonend; grosse Wirkung auf Ausdauerorgane	Körperhaltung
Skaten (in versch. Sportarten)	gelenkschonend; grosse Wirkung auf Ausdauerorgane	Körperhaltung
Rudern	gelenkschonend; grosse Wirkung auf Ausdauerorgane	Körperhaltung; grosser Anteil; Kraftausdauer
Aerobics	Ganzkörpertraining; Wirkung auf Kraft, Aus-dauer und Koordination	nur Teilwirkung auf die Ausdauer
Spielsportarten	gleichzeitige Förderung der physischen Fähig-keiten und der Koordination	nur Teilwirkung auf die Ausdauer

*Übersicht über mögliche Vor- und Nachteile einzelner Trainingsmass-
nahmen im Ausdauerbereich (nach KUNZ).*

Im Senioren-, Fitness- und Schulsport gelten zum Teil – aus naheliegenden Gründen – andere Gütekriterien als im Leistungssport. Gesundheitsbezogene Achtsamkeit verlangt oft ein möglichst vielseitiges Sporttreiben sowie Trainingsmassnahmen, die es Fitness-akzentuiert auf das jeweilige (Lern-)Alter abzustimmen gilt. Vor allem im Seniorensport sind Walking, Schwimmen, Radfahren und Skilanglaufen ideale Ausdauersportarten.

Im Fitnesssport sollten, zumal mit zunehmendem Alter, gelenkschonende Ausdauersportarten bevorzugt werden!

Im Schulsport hat das *spielerisch gestaltete Ausdauertraining* erste Priorität! Trendsportarten wie Skaten, aber auch Laufen, Schwimmen, Radfahren und Skilanglaufen finden vor allem bei älteren Schüler/innen) ebenfalls Anklang, was es zu nutzen gilt.

Bei einem spielerischen Ausdauertraining werden entweder Spielsportarten, bei denen die Ausdauer ohnehin mitgefördert wird, oder aber Ausdauerspiele gewählt, wie beispielsweise Staffetten, Schnitzeljagden u.a.m.

Im Leistungssport drängt es sich auf, den grössten Teil des Trainings sportartspezifisch zu trainieren. Das heisst: Der Läufer läuft, der Ruderer rudert, der Schwimmer schwimmt in erster Linie, was aber nicht ausschliesst, sein Training – besonders bei zyklischen Sportarten und dort, wo die Belastung für den Bewegungsapparat relativ gross ist – zu variieren, zu wechseln und mit Akzenten zu bereichern. Funktional wird das Gleiche bewirkt, aber motivational kann ein nicht unbedeutendes Plus erzielt werden.

Alle in der Tabelle auf Seite 107 aufgeführten Trainingsmassnahmen sind geeignet für ein aerobes Ausdauertraining. Mit Laufen, Radfahren, Schwimmen, Skaten und Rudern lässt sich zudem auch die anaerob laktazide Ausdauer steigern.

Das anaerob laktazide Ausdauertraining wird häufig als «spezielles Konditionstraining» in Circuitform durchgeführt! Die einzelnen Übungen gilt es so zusammenzustellen, dass letztlich die gesamte Körpermuskulatur beansprucht wird. Die Qualität der Trainingswirkung wird bestimmt durch
• den Schweregrad der Übungen
• die Arbeitszeiten und
• die Pausenlängen.

Das folgende **Circuittraining** (Kraftausdauer) ist ein Beispiel für eine/n Leistungssportler/in:

1. Einbeinsprünge – mit Sprungbeinwechsel – auf den Fussballen: Abstand zwischen den Malstäben: 10 Meter. Übungsvariation: Nach jeder halben Runde Sprungbein wechseln.

2. Liegestütze mit den Füssen auf der Langbank. Übungsvariation: Hände auf der Langbank abstützen.

3. Aufsitzen mit angezogenen Beinen und Rumpfdrehen: Medizinball zwischen Unter- und Oberschenkel, Hände hinter dem Kopf. Übungsvariation: Arme vor dem Körper.

4. Sitz rücklings an der Sprossenwand, Arme hochgehalten und Fassen der Sprosse, Füsse auf Schwedenkasten, Hüfte hochschieben. Übungsvariation: Füsse auf dem Boden.

5. Pendellauf mit Abliegen auf jeder Seite: Abstand zwischen den Matten: 10 Meter. Übungsvariation: Berühren der Matten mit dem Fuss.

6. Klimmzüge am sprunghohen Reck (240 cm) mit Anspringen: Kinn bis auf Reckhöhe. Übungsvariation: Tiefere Reckhöhe.

7. Medizinballwerfen aus Kniestand gegen die Wand (vorwärts über Kopf; zwei Meter Abstand; 3-kg-Medizinball)! Übungsvariation: 1–2-kg-Medizinball.

8. Aus Oberschenkellage auf Schwedenkasten mit vorwärts gebeugtem Oberkörper sich rückwärts bis in die Horizontale heben: Hände hinter dem Kopf, Beine fixierte. Übungsvariation: Hände auf Gesäss oder Kasten abstützen.

9. Aus aufrechter Aus-
gangsstellung (Lang-
bank zwischen den
Beinen) absitzen, an-
schliessend beid-
beiniger Sprung auf
die Langbank usw.
Übungsvariation:
Ohne Absitzen.

10. Einrollen an der
Sprossenwand, Beine
bis zur obersten
Sprosse heben.
Übungsvariation:
Einrollen am Schräg-
brett.

Dieses Circuittraining hat eine extreme Wirkung auf die anaerob laktazide Ausdauer (Laktattoleranz), zumal wenn mit
einer Minute Belastung und mit einer einminütigen Pausen-
länge trainiert wird. Bei Belastungszeiten von 20 Sekunden und
Pausenlängen von einer Minute wird die anaerob alaktazide Ausdauer gefördert. Im Fitness- und Schulsport werden Trainingsbelastungen über 30 Sekunden tunlichst vermieden.
Leistungssportler/innen mit gutem Konditionsniveau sind in der
Lage, die einzelnen Übungen wie beschrieben auszuführen.
Wenn die energetisch-konditionellen Fähigkeiten nicht ausreichend sind, können die Übungen auch variiert und so dem
Niveau der Sportler/innen angepasst werden.

Welche Trainingsmethoden und Belastungen soll ich wählen?
Die Vielzahl der Methoden, die sich zur Förderung der Ausdauer
besonders eignen, können unterteilt werden in die Kategorien
• Dauermethode
• Intervallmethode
• Wiederholungsmethode
• Wettkampfmethode

Physische Akzente

Die Besonderheiten der einzelnen Trainingsmethoden können
wie folgt differenziert werden:

Methoden	Intensität	Umfang	Wirkung
extensive Dauer-methode (ohne Unterbruch)	HF: 170 minus halbes Alter HF und V: 80 bis 90 % aaS	30 Minuten bis mehrere Stunden	aerobe Kapazität
intensive Dauer-methode: ohne Unterbruch, auch mit Tempowechseln	HF und V: 90 bis 100 % aaS	15 bis 60 Minuten	aerobe Leistungsfähigkeit
extensive Intervall-methode; unvoll-ständige Pausen	HF und V: 85 bis 95 % aaS	30 bis 60 Minuten	aerobe Leistungsfähigkeit und Kapazität
intensive Intervall-methode; unvoll-ständige Pausen	HF und V: 95 bis 105 % aaS	15 bis 45 Minuten	aerobe Leistungsfähigkeit; anaerobe Kapazität
Wiederholungs-methode: voll-ständige Pausen	HF und V: über 100% aaS	5 bis 30 Minuten	aerobe/anaerobe Leistungsfähigkeit anaerobe Kapazität
Wettkampfmethode: einmalige Belastung	HF und V: über 100 % aaS	10 Sekunden bis mehrere Stunden	aerobe/anaerobe Leistungsfähigkeit; anaerobe Kapazität

*Übersicht über die Besonderheiten der Trainingsmethoden im
Ausdauerbereich (HF = Herzfrequenz, V = Geschwindigkeit,
aaS = anaerobe Schwelle; nach KUNZ).*

*Lohnende Pausen
bedeuten, dass der
nächste Einsatz bei
einer Herzfrequenz
von etwa 120
Schlägen pro Minute
erfolgen soll.*

Beim Intervalltraining werden unvollständige Pausen auch als
lohnende Pausen bezeichnet.

Trainingsmethoden	Wiederholungen/ Arbeitszeiten	Pausenlänge
extensives Intervalltraining	20 x 60 Sekunden	1 Minute
intensives Intervalltraining	8 x 120 Sekunden	4 Minuten
Wiederholungstraining	4 x 45 Sekunden	10 Minuten

Beispiele der unterbrochenen Trainingsmethoden.

Die Angaben in der Tabelle auf Seite 111 sind auf das Laufen bezogen. Weil beim Laufen das eigene Körpergewicht buchstäblich getragen werden muss und die Muskulatur zudem exzentrisch belastet wird, sind die Intensitäten höher als bei den meisten anderen Sportarten. Dies drückt sich in höheren Herzfrequenzen als beispielsweise beim Radfahren, Schwimmen oder Rudern aus. Um in anderen Sportarten ähnliche Trainingswirkungen erzielen zu können, müssen die Trainingszeiten länger gestaltet werden: So beispielsweise entspricht eine Stunde Laufen etwa zwei Stunden Radfahren!

> **Laufen ist speziell geeignet zur Förderung der aeroben Leistungsfähigkeit. Gelenkschonende Sportarten sind bei zunehmendem Alter, aber auch schon im Schul- und Fitnesssport sowie grundsätzlich für ein sinnvolles Training der aeroben Kapazität zu empfehlen!**

Für Seniorensportler/innen sind die extensive Dauermethode zur Steigerung der aeroben Kapazität und die Wiederholungsmethode zur Verbesserung der anaerob alaktaziden Ausdauer die idealen Trainingsmethoden.

Im Fitness- und Schulsport kann zudem gelegentlich nach der intensiven Dauer- und nach der extensiven Intervallmethode trainiert werden.

> **Ein gezieltes aerobes Ausdauertraining ist für alle Sportarten in zweifacher Hinsicht besonders geeignet: Es dient sowohl der Optimierung der allgemeinen Leistungsfähigkeit als auch im Sinne eines Gesundheitstrainings!**

Die intensive Intervallmethode, die Wiederholungsmethode zur Steigerung der anaerob laktaziden Ausdauer und die Wettkampfmethode sind vor allem den Leistungssportler/innen vorbehalten.

Im Senioren-, Fitness- und Schulsport empfiehlt es sich, die aerobe Ausdauer mindestens so häufig wie das Kraft- und Schnelligkeitsvermögen zu trainieren, wobei ein bis zwei Ausdauertrainings pro Woche – mit einem Zeitaufwand von etwa 30 bis 60 Minuten – durchaus genügen.

Im Leistungssport wird die Anzahl der Ausdauertrainings durch das Anforderungsprofil der jeweiligen Sportart bestimmt. Auch Kraft- und Schnelligkeitssportler/innen dürfen das aerobe Ausdauertraining nicht ganz vernachlässigen.

Physische Akzente

Wie soll ich das Training kontrollieren und auswerten?

Wir empfehlen, das Ausdauertraining wie folgt zu protokollieren:

• Anzahl Trainingsstunden

• Gewählte Trainingsmethoden

• Geleisteter Belastungsumfang (z.B. in Kilometern)

• Erzielte Belastungsintensität (Zeiten, Herzfrequenz)

• Gewählte Pausenlängen

• Ruhepuls

Aufgrund dieser Angaben kann der Leistungsstand zumindest annäherungsweise abgeleitet werden. Wer über sein Ausdauerentwicklungspotenzial genauer Bescheid wissen will, muss dies mit entsprechenden Testverfahren in Erfahrung bringen.

Test	Messung	Aussage	Eignung
Walking-Test	Zeit für zwei Kilometer, Pulsfrequenz	Einteilung in Leistungsgruppen	Untrainierte im Seniorensport
12-Minuten-Lauf	gelaufene Meter	aerobe/anaerobe Leistungsfähigkeit	Seniorensport; Fitnesssport; Schulsport; Nichtausdauer-Leistungssport
Conconi-Test	Herzfrequenz; Geschwindigkeit; anaerobe Schwelle	Leistungsfähigkeit an der anaeroben Schwelle	Fitnesssport; Leistungssport
Laktat-Stufentest	Herzfrequenz-Geschwindigkeit; Laktatwerte; Anaerobe Schwelle	Leistungsfähigkeit an der anaeroben Schwelle; Laktattoleranz	Leistungssport; Ausdauersport
$VO_{2\,max}$-Test	Herzfrequenz $VO_{2\,max}$; Leistung	Leistungsfähigkeit bei $VO_{2\,max}$	Leistungssport; Ausdauersport
Circuit-Test	Punktzahl eventuell: Herzfrequenz; eventuell: Laktat	anaerobe Leistungsfähigkeit; eventuell: Laktattoleranz	Leistungssport: anaerober Ausdauersport
Kindermann-Test	Zeit; Herzfrequenz; Laktat	Anaerobe Kapazität	Leistungssport: anaerober Ausdauersport
Pulskontrolle	Herzfrequenz	Gesundheit, Herz-/Kreislauf; Erholungsvermögen	alle Sportlergruppen

Übersicht über gebräuchliche Ausdauertests (nach KUNZ).

Im Senioren- und im Schulsport genügen einfache Ausdauer-tests: Hier werden die Zeit mit der Stoppuhr oder die zurück-gelegte Distanz gemessen.

Fitnesssportler/innen können ihre Ausdauer auch mit dem Conconi-Test überprüfen.

Leistungssportler/innen haben mit den Laktat- oder $VO_{2\,max}$-Messungen ideale Vergleichsmöglichkeiten mit vorgängig durchgeführten Tests; zudem verfügen sie über zusätzliche wichtige Informationen für die Trainingssteuerung.
Die Pulskontrollen können Hinweise geben auf
• die Gesundheit
• die Leistungsfähigkeit des Herz-Kreislauf-Systems und
• das Erholungsvermögen.

Je gezielter die Ausdauer trainiert wird, desto wichtiger sind Ausdauertests! Sie sind Kern-anhaltspunkte für die Trainingssteuerung!

Koordination

Wir müssen nicht Bewegungen koordinieren lernen, sondern primär Problemlösungsstrategien erwerben und entwickeln, denn dann können wir auch Bewegungen effizienter koordinieren!

Bild: Robert Bösch

Die Qualität der koordinativen Handlungskompetenz bestimmt den Grad der Leistungseffizienz!

Zur koordinativen Befähigung als zentrale Herausforderung im Trainingsprozess

Worum geht es bei der «Faszination Koordination»?

Bei der Ko-Ordination geht es im Wesentlichen um ein Zu-Ordnen sowie um ein harmonisches Gliedern im Zusammen-Fügen und ein dosiertes Komponieren von Kernelementen zu einem Ganzen.

Wer koordinieren kann, ist in der Lage, seine Bewegungen aufgabengerecht und zielorientiert zu steuern:
Über einen Schwebebalken balancieren und gleichzeitig auf beiden Seiten Bälle von unterschiedlicher Grösse prellen können ist eine klassische koordinative Herausforderung.

Koordinatives Können braucht also ein differenziertes Bewegungsgefühl, erfordert die Fähigkeit des Antizipierens und ein auf die jeweilige Situation wohl abgestimmtes Timing im Sinne einer umfassenden Handlungskompetenz: zur rechten Zeit am richtigen Ort mit der optimalen Geschwindigkeits- und Energiedosierung. Und noch etwas: «Jedes Zuwenig und jedes Zuviel verdirbt jedes Spiel!»
Neben dem äusseren Harmonisieren, das im Ästhetischen seine Wirkung zeigt, spielt das Ökonomisieren, eine Art inneres Harmonisieren, das sich dann auch in der äusseren (motorischen) Effizienz auswirken kann, eine massgebliche Rolle.

Darum geht es:

Beim Lernen durch Koordinieren geht es darum, Neues zielgerichtet zu erwerben und zu festigen, um es dann aufgabenorientiert anwenden und gestalten zu können!

Wer koordininiert, strebt einerseits innere und äussere Harmonie an, andererseits auch Ökonomie und Effizienz!

Koordinative Befähigung zielt auf ein umfassendes motorisches Können! Motorisches Lernen und Gestalten ist räumlich-zeitlich-energetisches Koordinieren!

Was vielleicht Wilhelm Busch zum Thema «Koordination» fabuliert hätte:

Wer das auf Ordnung und Harmonie bedachte Organisieren kennt,
weiss auch, dass man dieses zielorientierte Tun Koordinieren nennt!

Willst du steigern deine Leistungs-Ökonomie,
nutz' erst einmal die vorhandene Energie!
Und dann erhöhe die Effizienz
dank deiner koordinativen Kompetenz!

Überhaupt gilt es, die Aspektvielfalt von Raum, Zeit und Kraft
in ein beziehungsreiches Gefüge einzubinden,
doch dieses anspruchsvolle Ziel nur jener schafft,
der auch gelernt hat, Leerläufe zu überwinden!

Was in der Trainingswissenschaft unter «Koordination» verstanden wird

Koordination schafft in erster Linie Ordnung. Ausserdem eliminiert sie – vermeintliches? – Chaos und überwindet schliesslich jegliche Ineffizienz.

Koordination hat sehr viel mit einer Art Systemsteuerung zu tun: Wer koordinieren kann, steuert sein Bewegungsverhalten zielgerichteter. Koordination verspricht mehr Orientierungssicherheit – dank Ordnung! – und so auch eine grössere Erfolgswahrscheinlichkeit in der Gestaltungsfreiheit.

Wer all seine Sinnesorgane in ihrer Funktionstüchtigkeit variationsreich, auch in anspruchsvollen, die Gleichgewichtskompetenz herausfordernden Situationen, zielgerichtet und kombinationsreich schult und dabei besonders – nach innen – die Empfindungsqualitäten und – nach aussen – die Steuer- und Dosierungsqualitäten differenzierend fördert, der kann sehr viel zu seiner koordinativen Befähigung, ergo zu einer umfassenden (lern-)koordinativen Handlungskompetenz beitragen!

Koordination als Produkt ist ein sichtbares Ergebnis, das sich an ihrer Funktion orientiert und dank Differenzierungs- und Entscheidungsprozessen zur integrativen Gleichgewichtsbildung sehr viel beitragen kann.

Koordination als Prozess ist der Vorgang der Koordinierung, also der wechselseitigen Abstimmung aller relevanten Aspekte auf dem Weg zum Produkt Koordination. Dieses räumlich-zeitlich-energetische Abstimmen und Steuern kann in der zentralen Handlungskompetenz Timing als Kernsubstanz (wieder-)erkannt werden (vgl. HOTZ 1999 b). Koordination im Sport schafft grundsätzlich Stimmigkeit zwischen aufgaben- und zielrelevanten Leistungskomponenten.

Wer im Sport erfolgreich sein, oder auch nur an seinem Bewegungsverhalten ästhetische Freude empfinden will, erkennt in der koordinativen Handlungskompetenz die notwendige Leistungsvoraussetzung, um anspruchsvolle (Bewegungs-)Aufgaben motorisch erfolgreich(er) lösen zu können! Keine koordinative Handlungskompetenz ohne ein differenziertes Körper- und Bewegungsgefühl. Denn: die Qualität der koordinativen Handlungskompetenz bestimmt den Grad der Leistungseffizienz!

- Otfried FOERSTER (1873–1941), der deutsch-polnische Neurochirurg, hat bereits 1902 «Koordination» auf der ersten Seite in seinem Buch: *«Physiologie und Pathologie der Co-Ordination»* als *«Funktion – im mathematischen Sinne – der gestellten Aufgabe»* definiert (cit. nach: MEINEL/SCHNABEL 1998, 38).
- Peter HIRTZ (1997, 115), einer der Forschungspioniere der koordinativen Fähigkeiten in der deutschsprachigen Bewegungs- und Trainingswissenschaft, definiert diese Funktionspotenziale als «eine Klasse motorischer Fähigkeiten, die vorrangig durch die Prozesse der Bewegungsregulation bedingt sind und relativ verfestigte und generalisierte Verlaufsqualitäten dieser Prozesse darstellen». Und was bedeutet dies für die Praxis?

- Günter SCHNABEL (1998, 38), der Doyen unter den Leipziger Trainingswissenschaftern, Mitherausgeber massgeblicher Werke von N. A. BERNSTEIN sowie Schüler und Nachlassverwalter von Kurt MEINEL (1898–1973), definiert Bewegungskoodination wie folgt:

«Die Ordnung, die Organisation von Bewegungen und damit der zugrundeliegenden sensomotorischen Prozesse in Ausrichtung auf ein bestimmtes Ziel beziehungsweise einen Zweck. Das bedeutet die Abstimmung aller Bewegungsparameter im aktuellen Prozess der Wechselwirkung des Sportlers mit der jeweiligen Umweltsituation.»

- Nikolai Alexandrowitsch BERNSTEIN (1896–1966), der zeitlebens nur wenig beachtete Bewegungsphysiologe, Biomechaniker und vor allem Pionier der Koordinationsforschung, bringt die Funktion der Koordination wie folgt treffend auf den Punkt:

«Die Koordination der Bewegungen ist die Überwindung der überflüssigen Freiheitsgrade des sich bewegenden Organs, mit andern Worten, seine Umwandlung in ein steuerbares System. Kürzer gesagt, ist die Koordination die Organisation der Steuerbarkeit des Bewegungsapparates.» (BERNSTEIN 1988, 181 f.)

Wichtig sei, so fügt SCHNABEL (1998, 37) bei, «dass koordinierte motorische Aktionen die Antizipation ihres Ergebnisses voraussetzen».

- In diesem Umfeld definiert SCHNABEL (1998, 78) die Koordination mit folgenden Worten:

«Die Koordination ist jene Tätigkeit, die der Bewegung ihren (...) ganzheitlichen Charakter und ihre strukturelle Einheit sichert. Diese Tätigkeit beruht in erster Linie nicht auf den Besonderheiten der Vorgänge in den Einzelneuronen, sondern auf einer bestimmten Organisation ihrer gemeinsamen Aktivität.»

- Unter Bewegungskoordination versteht SCHNABEL (1998, 33) die «Regulation der Bewegungstätigkeit», und diese wiederum bezeichnet er als «Aspekt der Handlungsregulation». SCHNABEL präzisiert zudem:

«Wir sprechen (...) von Bewegungskoordination. Bewegungen des Menschen sind jedoch stets nur der äussere Ausdruck der Motorik, der motorischen Funktionen auf verschiedenen Ebenen. Bewegungskoordination kann deshalb nur in ständigem Zusammenhang mit diesen psychophysischen motori-

schen Vorgängen begriffen und untersucht werden, und auch die praktische Verwertung des Erkenntnisgewinns setzt die Betrachtung von ‚Bewegungskoordination' und ‚motorischer Koordination' als Einheit voraus.»

Koordinativ kompetent sein heisst unser Bewegungsverhalten zur rechten Zeit, am richtigen Ort mit optimaler Energie- und Geschwindigkeitsdosierung auf ein bestimmtes, meist klar definiertes Funktions- oder Leistungsziel hinsteuern (vgl. HOTZ 1999 a, 6 f.). Quintessenz: «Ohne Timing als koordinative Handlungskompetenz keine optimale Leistungseffizienz!»

Mit diesem Orientierungswissen als Hintergrund rückt die ko-ordinative Handlungskompetenz in die Nähe des *Timings*, der zentralen Handlungskompetenz schlechthin (HOTZ/EGGER 1999). Warum? Ihnen beiden ist das Ordnen, das Abstimmen und Steuern, aber auch das Schaffen von Klarheit und die Mehrung von Präzision und Effizienz gemeinsam. Somit erfüllt Timing Koordinationsfunktion(en): Timing gestaltet die räumlich-zeitlichen Aspekte unseres Bewegungsverhaltens, und zwar mit der entsprechenden energetischen Dosierung.

Wozu kann und soll ein gezieltes Koordinationstraining dienen?

- Koordinationstraining dient auf jeder Lernstufe und in jedem Alter der qualitativen Leistungsverbesserung! Prozesse des Koordinierens schaffen durch wechselseitiges Abstimmen der leistungsbestimmenden Aspekte – «Differenzieren» und «Integrieren» – die jeweils erwünschte, meist präzisere Wirkung, sei es in ökonomischer, hamonisierender, ästhetischer oder in effektiver Hinsicht.

Einfacher ausgedrückt, und zwar noch einmal mit den Worten von BERNSTEIN (1988, 182), geht es bei der Optimierung der Koordination um eine Effizienzsteigerung bezüglich der «Organisation der Steuerbarkeit des Bewegungsapparates»!

- Ein gezieltes Koordinationstraining verbessert – im Dienste einer aufgabenorientierten Informationsverarbeitung – einerseits die *Bewegungssteuerung* und anderseits die Bewegungsregulation. Somit wird schliesslich die Bewegungsqualität optimiert, was sich beispielsweise in einer verbesserten Bewegungspräzision und/oder in einer grösseren Bewegungsökonomie ausdrücken kann.

Wodurch zeichnen sich koordinativ kompetente Sportler/innen aus?

1. Eine umfassende, vor allem aber räumlich-zeitliche Orientierungkompetenz ist der Schlüssel zur erstrebenswerten koordinativen Kernfertigkeit, nämlich der motorischen Schlagfertigkeit, die es dann auch ermöglicht, sich jederzeit optimal zurechtzufinden und sich selbst aus misslichen Situationen zu retten!

2. Die Differenzierungskompetenz ermöglicht eine optimale Aufnahme und Verarbeitung von Informationen aller Art sowie deren energetisch wohldosierte situationsangepasste Umsetzung in erfolgreiches sportliches Tun!

3. Die Gleichgewichtskompetenz schafft in allen Situationen günstige Handlungsvoraussetzungen und so auch die Möglichkeit, selbst Un-Gleichgewichte in subjektiv tolerierbaren Grenzen zu halten!

4. Dank einer umfassenden Reaktionskompetenz wird es möglich, jederzeit wirkungsvoll und aufgabenzentriert auch auf störende oder andere bedrohliche Einflüsse eine passende (motorische) Antwort zu finden!

5. Die Fähigkeit, sein Bewegungsverhalten nicht nur aufgaben- und zielorientiert, sondern auch in qualitativ-ästhetischer Hinsicht rhythmisch zu gestalten, ist eine Kompetenz, die letztlich alle andern koordinativen Teilfertigkeiten mitbedingt!

- Die Steuerbarkeit unseres Bewegungsapparates wird also vor allem durch eine grössere Wirksamkeit (Organisationseffizienz) der sogenannten koordinativen Fähigkeiten verbessert! Diese technikübergreifenden Leistungsvoraussetzungen wiederum sind gemeinsam mit den energetisch-konditionellen Kompetenzen für die Leistungsrealisierung verantwortlich!

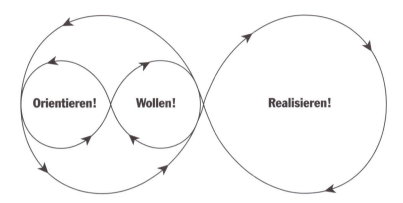

Koordinieren heisst auch ganzheitliches Abstimmen und Ausschöpfen menschlicher Ressourcen in den Kernfunktionsbereichen «Orientieren!» (dank den perzeptiven, kognitiven und mnemischen Potenzialen), «Wollen!» (dank dem Antrieb, Bedürfnisse, Motive und Ziele zu erfüllen und «Realisieren!» (dank der energetisch-konditionellen und der koordinativen Kompetenzen, nach HOTZ). Vgl. Seite 151!

- In ganzheitlicher Perspektive kann eine wesentliche Funktion des (Koordinations-)Trainings darin erkannt werden, all seine körperlichen wie auch seine mentalen Leistungspotenziale umfassender auf das jeweilige Ziel auszurichten und so die zu mobilisierenden psycho-physischen Kraftreserven in die Energiekanalisierung einzubinden. Koordinieren heisst immer auch zielgerichtetes Integrieren samt den entsprechenden Verinnerlichungsprozessen. Diese können dann auch für emotionale Stabilisierungs- und Identifikationsprozesse genutzt werden.

Timing, hier akzentuiert in einem ganzheitlich-integrativen Sinne aufgefasst, geht in seiner Funktion und Wirkung letztlich weit über die muskulär-energetischen Kraftreserven hinaus. Auch das mentale Vorstellen, das situative Antizipieren sowie alle andern kognitiv-intellektuellen und emotionalen Aspekte eines erstrebenswerten Persönlichkeitstrainings gilt es zielgerichtet aufeinander abzustimmen und dadurch zu vervollkommnen.

- Koordinierte Energiebündelung kennzeichnet EGGER (1992) als *Force équilibrée*! Diese Kraft gestaltet den Bewegungverlauf in funktionaler Hinsicht, d.h. sie kann dank ihrem Energiedosierungsvermögen das, was es braucht, in Beziehung zum Gedachten, zum Vorgestellten und zum Gefühlten ziel- und aufgabenorientiert sowie auch situationsangemessener unter einen Hut bringen, also koordinieren.

- In der *Force équilibrée* kommt zudem das qualitative Zusammenspiel zwischen zielgesteuerter Energie und situativer Herausforderung zum Ausdruck. In diesem Zusamenhang wird noch deutlicher, wie verwandt, wenn nicht sogar identisch die zentrale Bewegungskompetenz *Timing* und auch die *Force équilibrée* sind (vgl. HOTZ/EGGER 1999).

Einige Thesen zur Entwicklung der koordinativen Handlungskompetenz:

- Jeder Weg zum Erfolg führt über die Befähigung zur koordinativen Bewegungskompetenz! Sammle möglichst früh vielfältige Bewegungserfahrungen, variiere sie und wende sie kombinationsreich und kreativ auch sportübergreifend an!

- Eine verbesserte Koordination ist stets ein effizienteres Zusammenspiel der lern- und leistungsbestimmenden Komponenten! Und ihre Relevanz wird durch das disziplinspezifische Anforderungsprofil vorgegeben! Übe und trainiere das, worauf es ankommt!

- Lernen – im Sinne eines Koordinierens – dient in physiologischer Perspektive vor allem dem Überleben: *«Bei der Bildung des Gedächtnisses sind mehrere Hirnareale beteiligt. Diese sind jedoch nicht isoliert, sondern arbeiten zusammen. (...) Das Gedächtnis ist bei Tieren und Menschen ein unerlässliches Instrument, um zu überleben»* (LAHRTZ 1998). Suche und schaffe also Lerngelegenheiten, die offensichtlich so zwingend sind, dass dein Trainieren leistungswirksam wird!

- Koordinieren und Lernen im Dienste des Überlebens heisst sich hinreichend an Mit- und Umweltanforderungen anpassen und ein möglichst ökonomisch-effizientes Gleichgewicht zwischen eigener Könnenssubstanz und Anforderung herstellen können!

> **Psychologen nennen dieses erlebte Fliess-Gleichgewicht «Flow» und interpretieren dieses Feeling als einen glückauslösenden Koordinationszustand! (Vgl. CSIKSZENTMIHALYI 1992[2].) Wir erkennen erneut: Lernen heisst jene Möglichkeiten und Reserven schaffen, die uns in die Lage versetzen, künftigen Aufgaben gewachsen zu sein!**

- Mit einem Koordinationstraining – im Gegensatz zum Konditionstraining! – kann nie zu früh begonnen werden, denn die Kompetenz zu fördern, das Lernen lernwirksamer zu lernen ist kaum je gesundheitsgefährdend und darf zeitlebens nie vernachlässigt werden!

- Wer lernt und koordiniert, muss auch antizipieren, denn nur dank diesem Informationsvorsprung wird er in der Lage sein, das Bewegungsverhalten gezielter zu steuern!

- Vor allem in räumlich-zeitlicher Hinsicht – und im Lichte der Spielkompetenz – entsprechen Anpassen und Steuern dem andern Zwillingspaar Verteidigen und Angreifen!

- Gelungenes Verteidigen kann als fremd-initiiertes, aber selbst-gesteuertes Anpassen interpretiert werden: Verteidigen wird zum erfolgreiches Re-Agieren! Die Räume werden geschlossen, indem bedrohliche oder andere unerwünschte Freiheitsgrade eliminiert oder überwunden und ein bestimmtes Gleichgewicht (wieder)hergestellt wird! Einleuchtende Beispiele: Manndeckung oder Pressing!

Von der Vielseitigkeit zur Kreativität: Wie erwerbe ich eine umfassende koordinative Handlungskompetenz?

- Koordinative Handlungskompetenz beruht letztlich immer auf einer «individuell-sinnvollen, situativ-variablen Verfügbarkeit»! (HOTZ 1997, 152 f. bzw. 179.) Also: Trainiere individuell sinnvoll und fördere dein Timing, damit du jeweils zu rechter Zeit am richtigen Ort deine energetischen Möglichkeiten möglichst effizient in Leistung umsetzen kannst!

- Wer seine qualitativen Reserven gezielter ausschöpfen will, orientiert sich mit Gewinn an folgenden methodischen Leitkonzepten:
  - Trainiere auf der 1. Lernstufe nach dem methodischen Leitkonzept «Vielseitigkeit»!
  - Trainiere auf der 2. Lernstufe nach dem methodischen Leitkonzept «Variation»!
  - Trainiere auf der 3. Lernstufe nach dem methodischen Leitkonzept «Kreativität»!

Vielseitigkeit als Leitidee der 1. Lernstufe:
Beim «Erwerben & Festigen!» zielt eine polysportive Kernausbildung vor allem auf ein differenziertes und differenzierendes Körper- und Bewegungsgefühl!

Variationsvielfalt als Leitidee der 2. Lernstufe:
Optimales «Anwenden & Variieren!» bedingt eine möglichst umfassende Bewegungsvorstellung, die es gezielt aufzubauen und zu präzisieren gilt!

Kreativität als Leitidee der 3. Lernstufe:
Optimales «Gestalten & Ergänzen!» ist Ausdruck einer aus dem Bewegungsverständnis weiterentwickelten und mit dem Bewegungsgefühl kombinierten Bewegungsintuition! Nur ein differenziertes, auch intuitives Erkennen und Spüren im gliedernden Fügen ermöglicht kreatives Handeln!

- (Pro-)Agieren ist das Gegenteil des Re-Agierens: In diesem Sinne wird das selbstgewählte Steuern zum gezielten, jedoch situativ-variablen Angreifen! Wer angreift, versucht, seine Räume zu öffnen, und hindert dadurch die Gegenspieler/innen, dasselbe zu tun. Angreifen heisst bedrohliche Situationen für den andern schaffen, indem dieser auch von einem erfolgreichen Verteidigen abgehalten, dabei behindert oder abgelenkt wird! Kurzum: Gegenspieler/innen werden – im Rahmen der Spielregeln – zu ihrem Nachteil beschäftigt! Somit öffnen Angreifende den Raum und nutzen diese neuen Spielräume zu ihrem eigenen Vorteil: *«Angriff ist die beste Verteidigung!»*

Die koordinative Handlungskompetenz hat viele Gesichter!

Wie komplex die koordinative Handlungskompetenz komponiert ist, haben wir bereits verschiedentlich erkennen können. Und da Komplexität oft auch überfordert, gilt es, rechtzeitig die jeweils wesentlichen Teilaspekte zu erkennen und entsprechend zu fördern. Ergo: Auch das Koordinationstraining hat sich stets am Anforderungsprofil zu orientieren! Einerseits betreffen die zu koordinierenden Aspekte die beobachtbare und meist auch messbare Bewegungsqualität, anderseits stehen bei der koordinativen Handlungskompetenz die fünf fundamentalen koordinativen Funktionen im Blickfeld der Optimierung:

Das räumlich-zeitlich-energetische Orientieren optimiert das sicherheitsorientierte Sich-zurecht-Finden; das vor allem sensorische und dann auch energetische Differenzieren verbessert das feine Gespür im Empfangen und Dosieren; das Teilaspekte integrierende Äquilibrieren (Herstellen eines der Aufgabe adäquaten Gleichgewichtes) vervollkommnet die bewegungsrelevanten Handlungsvoraussetzungen; das meist von aussen, also auch fremdinitiierte Reagieren ermöglicht u.a. das Bewahren oder das Wiedererlangen des durch aussen in Frage gestellten Gleichgewichtes, und schliesslich ist das Rhythmisieren Inbegriff und Ausdruck gelebter Gestaltungsfreiheit, um sich nach eigenen Vorstellungen und Bedürfnissen verwirklichen oder aber sein Bewegungsverhalten, selbst an hohen Ansprüchen orientiert, quodlibet gestalten zu können.

Grundsätzlich: Wer gezielt seine koordinativen Handlungs-(Teil)kompetenzen optimieren will, strebt meist auch folgende Teilziele an:
- die Verbesserung der Steuerbarkeit des Bewegungsverhaltens!
- die Verbesserung der optimalen Aktionsschnelligkeit!

- die Verbesserung der Präzision in der Bewegungsausführung!
- die Optimierung der Effizienz der energetisch-konditionellen Funktionspotenziale!
- die Erhöhung der Wirksamkeit im qualitativen Umgang mit den aufzunehmenden, zu verarbeitenden und umzusetzenden Informationen!
- die ganzheitliche Förderung der Plastizität der Lern-Lernkompetenz!

Die umfassende Förderung der humanen Entwicklungsmöglichkeiten impliziert auch die folgenden Aspekte, die bezüglich Wirksamkeit nicht nur während der sog. sensiblen Phasen gefördert werden sollten:

- die perzeptiven (wahrnehmungsbezogenen) Prozesse
- die kognitiven (denk- und vorstellungsbezogenen) Prozesse
- die mnemischen (gedächtnisbezogenen) Prozesse (Operationen)
- die effektorischen (ausführungsbezogenen) Prozesse

Ganzheitliches Koordinieren heisst Lernen und Steuern. Beide Qualitäten dienen dem gezielten Problem- und Aufgabenlösen, aber auch der individuellen Vervollkommung, was letztlich auch der Lebensqualität zugute kommt.

Die fünf Hauptfunktionen der Bewegungskoordination sind, wie wir bereits gesehen haben, auch die fünf wesentlichen Akzente eines ganzheitlichen Koordinationstrainings. Das variations- und kombinationsreiche Akzentuieren dieser koordinativen Akzente («Orientieren!» – «Differenzieren!» – «Äquilibrieren!» – «Reagieren!» – «Rhythmisieren!») ist die Kernsubstanz der koordinativen Befähigung auf dem Weg zur souveränen koordinativen Handlungskompetenz.

Nachfolgend werden die fünf koordinativen Kernakzente einzeln fokussiert, wobei in ihnen auch die Kernstruktur im Umgang mit Informationen erkannt werden kann: Orientieren und Differenzieren als Körper- und Bewegungsgefühl bildende Informationsaufnahme. Integrieren und dadurch ein Gleichgewicht bilden als Ziel der Informationsverarbeitung, die sich in der Bewegungsvorstellung als Orientierungsgrundlage ausdrücken kann. Reagieren und Rhythmisieren als wesentliche Akzente in der energetischen Realisierungsphase, als zentrale Formen der Informationsumsetzung.

Nur dank der koordinativen Handlungskompetenz wird ein individuell sinnvolles, situativ-variables Verfügen- und erfolgreiches Anwenden-Können eine praktikable Strategie beim Bewegungslernen und Trainieren!

A: Dank räumlich-zeitlicher Orientierungskompetenz mehr Sicherheit!

Beim Orientieren richten wir uns nach einem bestimmten Referenzwert. Das lateinische Wort «oriri» heisst sich erheben, also hat das Orientieren – auch im Sinne einer Standortbestimmung – etwas mit unserer Ausrichtung nach der Sonne zu tun: Ex oriente lux!

Die Kompetenz, sich in Raum und Zeit orientieren und je nachdem auch entsprechende Massnahmen einleiten zu können – zum Beispiel: Reagieren als ein in Tätigkeit umgesetztes Orientieren –, erfüllt in jedem Lernprozess die Funktion, mehr Sicherheit erlangen zu können! Sicherheit durch Vertraut- und Bekanntheit schafft günstigere Lern- und Leistungsvoraussetzungen.

Die Orientierungskompetenz gilt es frühzeitig auszubilden. Es empfehlen sich Übungen, die nach dem Prinzip des Sammelns von Gegensatzerfahrungen und des variationsreichen Differenzierens gestaltet werden. Damit wird auch deutlich, dass sinnstiftendes Sich-Orientieren bereits schon Vergleichs- und Differenzierungsprozesse miteinschliesst. Bewusstes Wahrnehmungs- und Aufmerksamkeitslernen schafft zudem günstige Voraussetzungen für ein optimales Timing, beispielsweise auch hinsichtlich der taktischen Entscheidung, rechtzeitig den Spielpartner/innen im Verteidigen oder beim Angreifen zuvorzukommen.

Jeder Prozess beginnt mit Orientierung im Sinne einer differenzierten Standortbestimmung!

- Je sicherer die räumliche (Wahrnehmungs-)Orientierung und der souveräne Umgang mit ihr, desto gezielter können die frei gewordenen (Aufmerksamkeits-)Valenzen beispielsweise für die Zeitwahrnehmung genutzt werden!

- Die Steuerung der Orientierungskompetenz erfolgt in den meisten Fällen über visuelle Parameter. Dennoch bleibt dieses Potenzial stets mit der kinästhetisch-vestibulären Differenzierungsfähigkeit gekoppelt. Im Nahbereich von etwa zehn Metern reagieren wir auf akustische Signale jedoch schneller als auf visuelle!

- Die Orientierungssicherheit ist ein gutes Startkapital für die Gestaltungsfreiheit! Eine bessere Orientierung kann zu einer grösseren Leistungsbereitschaft führen, denn eine klare Orientierung fördert die (Selbst-)Sicherheit! Angst ist immer auch Ausdruck von fehlender Sicherheit und mangelnder positiver, sinnstiftender Orientierung!

B: Keine Fortschritte ohne Differenzierungsprozesse!

Differenzieren heisst unterscheiden! Wer im Sport gezielt – vor allem sensorische Informationen – unterscheiden kann, wird beispielsweise äussere (akustische, taktile u.ä.) Einflüsse besser erfassen (Informationsaufnahme) oder auch sinnvoller zuordnen (Informationsverarbeitung) oder aber Gegebenheiten – z.B. Lichtverhältnisse bei einer Skiabfahrt – differenzierter einschätzen können. So ist er auch in der Lage, eine sicherheitsstiftende Standortbestimmung zu verbessern. Besseres Differenzieren zeigt sich in einem genaueren (Eigen-)Empfinden und/oder in einem feiner abgestimmten Bewegungsgefühl. Differenzieren kann auch Dosieren bedeuten, sei es beim Krafteinsatz oder sei es beim Verbessern der räumlich-zeitlichen Präzision. In diesem Sinne ist Differenzieren ein sowohl kognitives als auch sensorisches Steuern. Differenziertes Steuern bedeutet gezielt-präzises Handeln. So verstanden rückt Differenzieren – wie erwähnt – in die Nähe der zentralen koordinativen Handlungskompetenz Timing (vgl. HOTZ 1999 a) oder wird zur Force équilibrée nach EGGER (1992). Eher unbewusstes Differenzieren kann sich in einem – nun eben differenzierteren – Körper- und Bewegungsgefühl oder gar in der nicht bewusstseinspflichtigen Bewegungsintuition ausdrücken.

Weil Vergleichen ein Abwägen ist, können wir erkennen, dass unbewusstes oder bewusstes Differenzieren erst eine qualitative Steigerung des Orientierens ermöglicht und das Integrieren gleichsam provoziert! Integrieren ist schliesslich, wie wir nachfolgend erkennen können, auch ein bewusstes oder gar kognitiv gesteuertes Bilden von bestimmten Gleichgewichten.

Ohne Differenzierung keine Vergleichsmöglichkeit. Somit wird Differenzieren zum Prinzip, das die Koordination und das Koordinieren als ein feines Abstimmen, Zuordnen und Intergrieren charakterisiert und diese Dimensionen in qualitativer Hinsicht wesentlich bestimmt. Hinter dem Prinzip Differenzierung steckt die Einsicht, dass jedes Differenzieren ein Mehr an Erfahrungen bringt, und mehr Erfahrungen ergeben mehr Referenzwerte, mehr zuverlässige und sichere Anhaltspunkte, ebenso einen grösseren Entscheidungsspielraum, der aber vor allem dann auch Verwirrung stiften kann, wenn die Entscheidungskriterien fehlen.

Differenzieren heisst immer auch vergleichen und relativieren, um danach gezielter Konzequenzen ziehen zu können.

Differenzieren schafft in motivationaler Hinsicht mehr Abwechslung! Differenzierung verhindert stures Wiederholen, kann der Monotonie mit einer Alternative Paroli bieten und sie dadurch in Frage stellen. Differenzieren kann schliesslich auch, im Sinne einer Herausforderung, träges Verhalten dynamisieren.

Spielerisches Differenzieren heisst variieren. Vielfältige Variationen schaffen weiterführende Referenzerfahrungen.

- Verbessere dein Körperempfinden und dein Bewegungsgefühl durch gezieltes und variationsreiches Wiederholen der Bewegungsausführungen! Der Leitsatz dazu stammt von BERNSTEIN (1896–1966): Üben heisst wiederholen, ohne das Gleiche noch einmal zu tun!

- Ohne differenziertes Körper- und Bewegungsgefühl keine optimale Steuerung und somit keine koordinativen Fortschritte!

- Sensorisches Differenzieren heisst sowohl nach innen als auch nach aussen (zum Teil) bewussteres, gezielteres, sensibleres, abgestufteres, angemesseneres und schliesslich erfolgreicheres Aufnehmen, Verarbeiten und Umsetzen von Informationen. Beispielsweise kann durch gezieltes Sammeln von Gegensatzerfahrungen im Empfinden und in einem präziseren Steuern des Bewegungsverhaltens diese Funktion erfüllt werden.

- Differenzieren ist strukturverwandt mit dem methodischen Kernprinzip Variieren! Konsequenz: Jegliches Verbessern beginnt beim Variieren!

- Variiere die sensorische Informationsaufnahme möglichst vielseitig! Übe und trainiere beispielsweise mit geschlossenen Augen, auf einem Bein, mit offenen Schnallen beim Skifahren u.a.m.!

- Schöpfe dein Variationsspektrum – wenn immer sinnvoll – durch unterschiedlich akzentuierte Bewegungsausführungen aus, und zwar in räumlicher, zeitlicher und energetischer Hinsicht, aber auch mit verschiedenen Geräten und Gewichten, zudem situationsangemessen und in kombinierten Formen! Beispielsweise: grosse und kleinere Radien im Kurvenfahren beim Schneesport; Geländewechsel beim Laufen; leichtere und schwerere Kugeln beim Stossen sowie mit oder ohne Flossen beim Schwimmen!

- Gezieltes sensorisches Empfinden, aber auch bewussteres Differenzieren, gekoppelt mit einem entsprechend differenzierteren Steuervermögen, verbessert die Wirkung und so die Leistungseffizienz des differenzierenden Anteils der Bewegungskoordination erheblich!

C: Das Gleichgewichtsvermögen als Inbegriff der koordinativen Handlungskompetenz!

Ein Gleichgewicht herstellen ist immer ein Ausgleichen zumindest zweier Gegensätze. Ausgleichen, kompensieren, äquilibrieren, nach Harmonie streben, Konflikte austragen sowie Differenzen bereinigen u.ä. sind problemlösende Kerntätigkeiten des Menschen, und zwar auf physiologischer bis hin zur sozialen Ebene sowie weit über den Sport hinaus. Das Gleichgewichtsvermögen ist mit allen andern koordinativen Teilbereichen in ausgeprägte Wechselwirkungsgefüge eingebunden.

- Wer die Gleichgewichtskompetenz fördert, optimiert stets die gesamte Koordinationsqualität!
- Wer sich durch ein sog. gutes Gleichgewicht auszeichnet, hat umgangssprachlich eine gute Körperbeherrschung, ein differenzierteres Körper- und Bewegungsempfinden und verfügt dadurch über günstige Lern- und Leistungsvoraussetzungen, weshalb sie oder er dann meist auch als ein Bewegungstalent eingestuft wird!

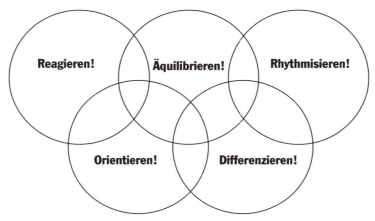

Gleichgewicht als «olympische» Quintessenz der Koordination. In den einst traditionellen Kompetenzen Gewandtheit und Geschicklichkeit kann die wesentliche Substanz des dynamischen Gleichgewichtsvermögens, der Quintessenz der koordinativen Handlungskompetenz, wiedererkannt werden. Orientierung und Differenzierung konstituieren Gleichgewicht; Reaktion und Rhythmisierung basieren auf Gleichgewicht (modifiziert nach HOTZ in: ASVZ 1991).

Wer sich in verschiedenen, zumal auch in ungewohnten Situationen nicht auf ein dynamisches Gleichgewicht verlassen kann, wird kaum je in der Lage sein, situativ angepasst, selbstsicher und erfolgreich sein Bewegungsverhalten zu gestalten!

- Das geschulte Trainerauge mit dem sog. Röntgenblick (HOTZ 1997, 196 f.) konzentriert sich bei der Talentabschätzung oft auf ein differenziertes Beurteilen des dynamischen Gleichgewichtsvermögens!
- Wer irgendein motorisches Können stabilisieren will, kann dies mit Erfolg durch die gezielte Schulung der Gleichgewichtskompetenz erreichen!

D: Optimales Reagieren zur rechten Zeit und am richtigen Ort ist schon die halbe Miete!

Im Alltag sind akustische und optische/visuelle Reize häufiger – und oft auch wichtiger – als die taktilen. Auf diese Aussenreize optimal reagieren zu können erfordert eine differenzierte Auffassungsgabe und das – auch intuitive – Bereitstellen-Können einer entsprechenden Bewegungsantwort. So gesehen hat auch die Reaktionskompetenz sehr viel mit Timing zu tun. In sportbezogenen Situationen geht es beim Reagieren vor allem darum, die Zeit zwischen Erkennen und Handeln zu verkürzen: Durch Üben entwickeln sich Fertigkeiten und Kompetenzen, die situativ-variabel erprobt, dann auch verfügbarer, also schneller auf die Mitwelt-Aufforderungen antworten können! Wahrscheinlich wird durch eine «gute» Reaktion mehr die allgemeine Koordination verbessert und erst dadurch die Reaktionszeit verkürzt. Die Re-Aktionskompetenz hat mit der Gleichgewichtsfähigkeit sehr viel gemeinsam:

> Optimales Reagieren verfolgt das Ziel, das ursprüngliche Gleichgewicht zu bewahren oder ein neues mit der «alten» Qualität zu erlangen! Also basiert die Reaktion stets auf der Gleichgewichtskompetenz!

Reagieren heisst Raum schliessen, Sicherheit stiften, neues Gleichgewicht erlangen!

- Wie jeder zielorientierte oder zweckgerichtete Prozess beginnt auch das optimale Reagieren stets mit Orientieren und Differenzieren im Wahrnehmen!
- Wer dann differenziert orientiert, also «im Bild» ist, ist im Gleichgewicht zwischen gegebenem Anforderungsprofil und eigenem Informationsstand! Erst auf dieser Entscheidungsgrundlage ist optimales Handeln – also Reagieren – möglich!
- Re-Agieren ist ein Sichanpassen an Gegebenheiten: Eine gut abgestimmte Reaktion verbessert die Qualität der Passung!
- Initiiere dein Bewegungsverhalten als Antwort auf bestimmte Aufforderungssignale möglichst variationsreich und berücksichtige dabei verschiedene sensorische Zugänge:

- Pfiff oder Zuruf bedingen eine akustisch wahrgenommene Aufforderung zum Handeln!
- Sichtbare Handzeichen und Signale provozieren eine visuell wahrgenommene Handlungsaufforderung!
- Berührungen (Kontakte) bedingen eine taktil wahrgenommene Handlungsaufforderung!

E: Das Rhythmisierungsvermögen ist eine koordinativ hochstehende Gestaltungskompetenz!

Wer seine Bewegungen rhythmisieren kann, verfügt u.a. über ein differenziertes Bewegungsgefühl. Und ein gutes Bewegungsgefühl drückt sich immer auch in einem dynamischen Gleichgewicht aus. Rhythmisieren heisst also sein dynamisches Gleichgewicht, nach eigenen Vorstellungen oder in situativer Stimmigkeit, wohldosiert und rhythmisch akzentuiert, gestalten können! Die Fähigkeit des Rhythmisierens erfüllt – von aussen betrachtet – meist ästhetische, für den Beweger selbst aber harmonisierende und so genussreiche sowie in physiologischer Perspektive auch energetisch-ökonomische Funktionen!

«Lernen durch Rhythmus ist ein Konzept mit Gestaltungsauftrag!» (HOTZ 1997, 181 ff.).

> **Der Rhythmus – die Persönlichkeit der Bewegung – ist auf jeder Lernstufe ein Orientierungswert für das Zeiterleben. Der Rhythmus bestimmt Qualität und Effektivität von Bewegung und Technik (vgl. HOTZ 1999 b). Der Takt strukturiert dabei die Bewegung in zeitlich-konstanter Hinsicht, der Rhythmus in der Bewegung hingegen gibt ihm Fleisch und Blut! Fleisch ist die Metapher für die räumliche Dimension, das Blut ist Sinnbild für die energetisch-akzentuierte Gestaltung!**

Rhythmisieren heisst Raum öffnen, um das eigene Gleichgewicht rhythmisch akzentuiert leben und gestalten zu können!

Rhythmus kann – ebenso ein differenziertes und differenzierendes Rhythmusgefühl! – orientierend Sicherheit in der Freiheit der Bewegungsgestaltung stiften! Rhythmisches Gestaltungskönnen ist also das in der Praxis realisierte Ziel des Prinzips «Lernen durch Rhythmus»!

Die Kernsubstanz der Rhythmisierungskompetenz ist das Timing. Rhythmisierungskompetenz als Feeling verleiht den Gestalter/innen eine zeitliche Pünktlichkeit gegenüber einem räumlichen Punkt! Wer rhythmisieren kann, formt und gestaltet den Raum zudem zwischen den Punkten, indem er seine Bewegungsgestaltung in einer bestimmten sinnvollen Art auch zeitlich-energetisch akzentuiert (vgl. HOTZ 1997, 164 ff.).

Trainiere vielseitig und zielgerichtet!

Wer erfolgreich seine koordinative Handlungskompetenz verbessern will, orientiert sich mit guten Argumenten am methodischen Leitprinzip des vielfältigen Variierens und Kombinierens verschiedener Teilfertigkeiten! Diese müssen allerdings bereits primärgefestigte Bewegungsstrukturen aufweisen, da sonst, wie anderswo auch, die Variation zur chaotischen Verwirrung führen könnte!

Variieren ist das zentrale methodische Prinzip. Variieren schafft neue Referenzwerte, die wiederum zur Differenzierung und so zum Fortschritt beitragen können.

Variiere die räumlich-zeitlich-energetisch-dynamischen Bewegungsausführungen, beispielsweise durch
- Variation der Ausgangs- und Endpositionen sowie der Akzentsetzung in der Bewegungsausführung!
- Variation der Tempi, Akzente und Rhythmen!
- Variation der Bewegungsumfänge und -richtungen!
- Variation der energetisch-dynamischen Kraftgestaltung!

Variiere den Kontext, also die Umgebungsbedingungen, beispielsweise durch
- erschwerende Bedingungen in räumlicher, zeitlicher und energetischer Hinsicht!
- Partner-, Geräte- und Geländewahl!
- Hindernisse und Zusatzaufgaben!

Variiere und kombiniere technische Fertigkeiten, beispielsweise durch
- neue Aufgaben, Zusatzaufgaben und neue Zielsetzungen!
- Umdisponieren der Elementen-Reihenfolge!

Variiere die (Zeit-)Druckbedingungen, beispielsweise durch
- zusätzliche Wiederholungen: Präzisions- und Komplexitätsdruck!
- kürzere Ausführungszeiten: Realisierung unter Zeitdruck!
- weniger Vorbereitungszeiten: Organisation unter Zeitdruck!
- Weniger Antizipationsmöglichkeiten: Planungs- und Organisationsdruck!
- Belohnung und Sanktion: emotionaler Belastungsdruck!
- Aufforderung zur selbstbestimmten Variation: emotionaler Variabilitätsdruck!

Variiere die Möglichkeiten der Informationsaufnahme, beispielsweise durch
- Einschränkung der sensorischen Wahrnehmungskanäle!
- «Hören» der Farbe, «Sehen» und «Riechen» der Temperatur, «Spüren» der Düfte!
- überdurchschnittliche Lärmimmissionen!

Variiere die (Vor-)Belastung, beispielsweise durch
- Präzisionsaufgaben nach Übersäuerung, z. B. Pfeilewerfen nach Liegestützen!
- Zeitpunktwahl, z. B. zu frühe Morgenstunde oder andere ungewohnte Tageszeiten!
- vestibuläre (Über-)Forderung, z. B. Mehrfachdrehungen im Akrobatiktraining!

Orientieren an der Funktion! Differenzieren im Strukturbereich! Integrieren in der jeweils relevanten Form!

Thesen als Leitideen:
- **Koordinatives Können kann nie zu früh gefördert und ausgebildet werden!**
- **Vielseitige Anregungen im Variationsbereich sind längerfristig erfolgreicher als das Streben nach unmittelbarer Leistungssteigerung!**
- **Die ideale Wechselwirkung zwischen den koordinativen Teilkompetenzen hängt entscheidend vom Zusammenspiel mit den klassischen energetisch-konditionellen Fähigkeiten und Fertigkeiten ab!**
- **Deshalb: Fördere koordinative und energetisch-konditionelle Kompetenzen – vor allem im Erwachsenenalter! – kombiniert und steigere die konditionellen stufenweise!**
- **Durch stetes Neulernen, Variieren und Modifizieren der Bewegungsabläufe gibt es keine Stagnation im Entwicklungsprozess und keine Lernplateaus!**
- **Keine optimale Förderung der Koordination in ermüdetem Zustand – ausser als Stresstraining!**
- **Die Trainingsprinzipien der vorerst gezielt-bewussten, dann spontanen Variation und Kombination sind die Geheimrezepte für die koordinative Vervollkommnung!**
- **Die koordinativ-informationellen Leistungsvoraussetzungen können vor allem durch extensives und intensives sowie durch vermehrt bewusstes Üben und Trainieren weiterentwickelt werden!**

«Bedenk' bei der Korrektur: niemals stur, sondern schnell und individuell!»

Eine Sonderform des Koordinierens ist das Korrigieren! Auch wenn Korrigieren stets etwas Anmassendes an sich hat, nämlich ein auch vermeintliches Wissen, was sog. richtig ist oder sein könnte, kommt dem Fehlereliminieren im Prozess des Lernens und Leistens grosse Bedeutung zu.

Mehr Fehlerfreund-lichkeit, denn auch Fehler sind Referenz-werte zum künftigen Vermeiden!

Allerdings gilt es auch – seitens der Sportlehrer/innen und Trainer/innen – mehr Fehlerfreundlichkeit zu zeigen. Das heisst, nicht pseudo-grosszügig Fehler zu übersehen und zu tolerieren, sondern Fehlleistungen als notwendige und daher wichtige Etappen auf dem Weg zum Erfolg einzustufen und in diesem «Sinn und Geiste» mit ihnen auch umzugehen.

- Stetes Korrigieren macht den Lernenden klein und grenzt an Bevormundung!
- Penetrante Korrektur verhindert eine Entwicklung in Richtung Eigenverantwortlichkeit und Mündigkeit!
- Unkorrektes können auch (Struktur-)Fehler, (konditionelle, koordinative oder aber Konzentrations-mitbedingte) Mängel oder aber (stilistisch begründete) individuelle Abweichungen sein! In jedem Falle sind sie Erfahrungen, die als Referenzwerte beim künftigen Lernen und Handeln auch als positive Anhaltspunkte genutzt werden können!

> **«So wenig wie nötig korrigiere, so oft wie nur möglich variiere!» (HOTZ 1996)**

Koordinations- und Korrekturkompeten-zen sind strukturver-wandt!

- Koordinieren können heisst auch korrigieren können!
- Eine wichtige Voraussetzung, um Fehlerhaftes erfolgreich korrigieren zu können, ist eine differenziert ausgebildete Lernfähigkeit! Ergo: Dem, der koordinativ kompetent ist, fällt das Korrigieren leichter!
- Wer über kein koordinativ feingeformtes Körper- und Bewegungsgefühl verfügt, wird Fehler vielleicht zwar einsehen, aber nicht eliminieren können! Ergo: Koordinative Befähigung zu einem differenzierten Körper- und Bewegungsgefühl als Prävention im Hinblick auf einen erfolgreichen Korrekturprozess!
- Wichtigstes Korrekturprinzip ist das Prinzip der Variation! Denn: wer nicht variieren kann, wird auch keine Fehler korrigieren können, fehlt es ihm/ihr doch an den entsprechenden Lernvoraussetzungen! Ergo: Eine umfassend entwickelte Lernfähigkeit befähigt den Lernenden auch zum Korrigieren!

- Ein Bewegungstalent ist auch ein Korrekturtalent! Die Korrekturbegabung ist ein Indikator für das Bewegungstalent! Differenzierenkönnen ist eine wichtige Teilfertigkeit der koordinativen Handlungskompetenz: Es ist eine Kernvoraussetzung, um Fehlerhaftes ausmerzen zu können: Ohne Differenzierung kein erfolgreiches Korrigieren!

> Das Korrigieren und die Korrektur dürfen von Sportlehrer/innen und Trainer/innen niemals als Machtmittel missbraucht werden! Pädagog/innen sind nicht Besserwisser/innen, sondern Berater/innen!

- Prüfe stets, ob Bekräftigen des Gutgelungenen nicht motivierender ist als der oft nörgelnde Hinweis auf einen Detailfehler! Häufiges Korrigieren ist ein Motivationskiller!
- Wer über ein differenzierteres Bewegungsverständnis verfügt, hat günstige Voraussetzungen, um Fehlerkorrekturen gedanklich planen und mental eliminieren zu können!
- Auch die (Selbst-)Beobachtungsfähigkeit dient im Sinne der lernrelevanten Informationsaufnahme der früh- und rechtzeitigen Fehlererkennung!
- Auf der ersten Lernstufe («Erwerben und Festigen!») korrigiere vor allem Strukturfehler! Und weil der Rhythmus ein Strukturbegriff ist, gilt auf der ersten Lernstufe der Stimmigkeit des Rhythmus ein besonderes Augenmerk.
- Weil Strukturen notwendig und auf der ersten Lernstufe auch hinreichend gefestigt werden müssen, fällt das Umlernen oft so schwer! Ergo: Lieber strukturell richtig am Anfang lernen als später mühsam umlernen müssen!
- «Hauptfehler zuerst korrigieren!» heisst es; Hauptfehler sind immer Strukturfehler!
- Bei der Fehlerdiagnostik erkenne stets zuerst, wo «der Hund begraben» liegt! Woran fehlt es? Im Rahmen ungenügender Lern- und Leistungsvoraussetzungen? In einer unpräzisen Bewegungsvorstellung? In Missverständnissen? In körpermitbedingten Ursachen? Ist es Angst, oder sind es andere Hemmungen oder gar Lernstörungen? In jedem Falle: Fehler lediglich erkennen ist, gemessen an den Schwierigkeiten der Ursachenerforschung, oft ein Kinderspiel!
- Mach nicht gleich aus jedem Fehlverhalten eine «Staatsaffäre»! Besser ist, dazu aufzufordern: *«Probier's gleich noch ein-*

Auch beim Korrigieren: zuerst: das Notwendige, dann: das Nützliche, schliesslich: das Souveräne.

mal und mach es genauso!» Wer nicht in der Lage ist, eine Bewegung zweimal gleich auszuführen, dem mangelt es an der Qualität der Steuerfähigkeit, weshalb dann auch Korrekturhinweise meist wenig fruchten!

• Auch dem Zeitpunkt der Korrektur kommt Bedeutung zu! Die Angst, dass sich Fehler bei der ersten Wiederholung einschleifen könnten, ist allerdings wenig rational, und die vermeintlich dahinterstehende Einsicht stimmt auch sonst nicht! Grundsätzlich, obwohl in der Literatur zum Teil auch widersprüchliche Ansichten vertreten werden, gilt: «Möglichst schnell und individuell!»

• Zum Schluss noch einmal, zudem mit einer Einsicht GOETHEs ausgedrückt:
«Wenn du nicht irrst, kommst du nicht zu Verstand.»
Oder mit den Worten des Genfer Tennispädagogen und ehemaligen Hoschschulsport-Direktors Jean BRECHBÜHL formuliert: *«Es ist unmöglich zu lernen, ohne Fehler zu begehen. Fehler sind unerlässliche Stufen auf dem Wege zum Fortschritt.»* Dem ist nichts beizufügen!

Schlussgedanken zur koordinativen Handlungskompetenz – weit über den Sport hinaus!

Koordinieren ist eine Kerntätigkeit menschlichen Handelns. Koordinieren im engeren Sinne bezieht sich auf den technischen Aspekt des motorischen Handelns, während unter Koordinieren im weiteren Sinne immer ein auch bereichsübergreifendes Ordnen mit einer sinnstiftenden Perspektive verstanden werden kann. Der Weg vom Element oder vom Einzelaspekt zum Ganzen führt immer über die Koordination!

Sinnvolles menschliches Handeln ist stets ein orientierendes und differenzierendes Zuordnen, auch im Sinne eines Integrierens und Bildens eines Gleichgewichtes. Diese Einsicht trifft im Sport wie auch anderswo zu. So sind das Lernen und – damit wiederum zusammenhängend – auch das Korrigieren ein besonderer Akzent in der koordinativen Handlungskompetenz, und zwar erneut weit über den Sport hinaus!

Wer günstige Lernvoraussetzungen schaffen will, wird deshalb stets bemüht sein, die Kernsubstanz seiner Entwicklungsmöglichkeiten und seinen Schlüssel zur Gestaltungsfreiheit vielfältig zu fördern. Also ist die fortwährende Verbesserung der koordinativen (Handlungs-)Kompetenz ein Muss, das sich bestimmt auszahlt.

Wer die zentrale Botschaft: «Stete Förderung der koordinativen Handlungskompetenz!» verstanden hat, weiss denn auch, dass es letztlich nicht darum geht, bestimmte Fertigkeiten als Produkte zu erwerben, sondern darum, die Kompetenz (auch Performanz genannt), Probleme lösen zu können, zu mehren!

> **Wer Problemlösungsstrategien erworben und hinreichend entwickelt sowie in der Praxis erprobt gefestigt hat, wird schliesslich in der Lage sein – zielorientiert und zugleich situationsadäquat – Bewegungen und Techniken zu lernen, indem er die dazu notwendigen Kernelemente zur rechten Zeit am richtigen Ort mit optimaler Energie- und Geschwindigkeitsdosierung effizient zu koordinieren weiss!**

Im praktischen Training gilt es, das Prinzip «Variation» im methodischen Lern- und Lehrkonzept (vgl. HOTZ 1997, 179) situationsangepasst sowie – wenn immer möglich und auch sinnvoll – sportart(en)spezifisch im Dienste der optimalen Förderung der koordinativen Handlungskompetenz anzuwenden:

1. *«Voraussetzungen schaffen»*: Zuerst werden – vor allem bei Einsteiger/innen – Kernmuster (Kernformen) einer Bewegung oder Übung unter erleichternden Lernbedingungen erworben, gefestigt und primärangewandt!
   Lernperspektive: «Erwerb und Festigung der Kernkonzepte!»
2. *«Vielfalt ermöglichen»*: Fortgeschrittene wenden diese Erstformen unter sog. normalen oder natürlichen Um- und Mitweltbedingungen vielfältig an und variieren sie entsprechend!
   Lernperspektive: «Variationsvielfalt im Rahmen der Formenkonzepte!»

Mit Variieren Reserven und Ressourcen ausschöpfen lernen!

3. *«Kreativität fördern»*: Schliesslich entwickeln dann die künftigen Könner/innen diese Formvarianten weiter, auch unter erschwerenden und auch durch Zusatzaufgaben erschwerten Lernbedingungen. Sie formen sie zu Gestaltungsvarianten aus und ergänzen, wenn nötig, diese individuellen Formen nach eigenen Gütekriterien!

Lernperspektive: «Möglichst intuitionsgeleitete Kreativitätsförderung im Rahmen der auch individuellen Gestaltungskonzepte!»

> **Ziel jeder Koordination und Koordinierung – und zwar im Sinne einer umfassenden Förderung der koordinativen Handlungskompetenz – ist das Vernetzen, Zu-Ordnen und Zusammenfügen verschiedener Aspekte!**

Bremsen und Gasgeben!

- Mit dem Erlernen des Koordinierens wollen wir (Lern-)Prozesse zielorientiert und harmonisch-ökonomisch, das heisst vor allem effizient und stimmig, zudem individuell-sinnstiftend, gestalten lernen!

- Die koordinative Handlungskompetenz befähigt uns, das, was wir lernen wollen oder auch sollten, möglichst lernwirksam, vielleicht auch schneller, zu erwerben und zu verinnerlichen, um schliesslich das Gelernte umfassend anwenden und gestalten zu können!

- Auf diese Weise wird es möglich sein, anstehende Aufgaben, Herausforderungen und/oder Probleme zu erfüllen oder zu lösen.

Am Ende bleibt alles eine Frage der Koordination!

- Anders ausgedrückt: Lernen zielt wie Koordinieren auf eine «individuell-sinnvolle, situativ-variable Verfügbarkeit» des Gelernten, und zwar stets im Dienste einer optimalen Aufgaben- oder Problemlösung! Und noch pragmatischer: Ziel ist die motorische Schlagfertigkeit, das heisst: **Zur rechten Zeit am richtigen Ort entweder bremsen oder aber dosiert Gas geben!**

> **Und schliesslich wird der gespannte Bogen wieder zum Kreis: «Die Qualität der koordinativen Handlungskompetenz bestimmt den Grad der Leistungseffizienz!»**

Psychische Akzente

Worauf kommt es in einem psychisch und psychologisch akzentuierten Training an?

Bild: Iren Monti

Worauf es in einem psychisch und psychologisch akzentuierten Training ankommt

Einführung in Grundsätzliches zum Psychotraining

Jede Art Psychotraining – vor allem im leistungssportlichen Bezug – hat zum Ziel, alle relevanten Aspekte leistungsoptimierend zu gestalten und gezielter zu kontrollieren. Auch unter ungünstigen Voraussetzungen.

So wie sich die Individualpsychologie vor allem für menschliches Erleben und Verhalten interessiert, zielt auch das Psychotraining auf die Optimierung dieser beiden Aspekte. Dadurch soll – dank einem auch individuell abgestimmten Psychotraining – das sportliche Leistungspotenzial auch sportartspezifisch verbessert werden. Mit den Trainingsprozess begleitenden Massnahmen sollte es schliesslich auch möglich sein, nicht nur im Leistungssport, sondern auch in andern Sportbereichen (Jugend-, Breiten- und Seniorensport) die allgemeine Befindlichkeit situationsangemessen positiv zu beeinflussen.

- Psychotraining zielt im wesentlichen auf die Optimierung der folgenden Aspekte (vgl. NITSCH 1992[4]/1997), wobei die Verbesserung der Gesamtinstitution Mensch im Zentrum steht und nicht nur die zu trainierenden Neuro-Muskel- und Kreislaufsysteme:
  - Verbesserung des Lernens und Leistens, deren Prozesse vor allem durch Fremd- und Selbstmotivation mitbestimmt werden
  - Verbesserung der für das Training notwendigen Einstellung, z. B. der Lern- und Leistungsbereitschaft, sowie damit verknüpftes positives Denken
  - Verbesserung der handlungsbegleitenden Kognitionen und Emotionen
  - Verbesserung der komplexen Prozesse des Wahrnehmens, Empfindens, Vorstellens und Realisierens

Individuelles Psychotraining zielt auf die Optimierung der auch subjektiv relevanten psychischen Leistungskomponenten.

- Psychologisch wirksames Training strebt auch eine Verbesserung folgender Prozessaspekte an:
  - Optimierung der Voraussetzungen und Bedingungen: Wovon gehe ich aus? (Voraussetzungs-Aspekt)
  - Optimierung von Entwicklungsverläufen: Wie nehme ich Einfluss auf leistungs- und erholungsbestimmende Prozesse, und wie nutze ich die mir zur Verfügung stehenden Ressourcen? (Prozess-Aspekt)
  - Optimierung der Auswirkungen und Folgen: Wie kann ich die Wirksamkeit antizipierend steuern? (Folgen-Aspekt)

Welche Komponenten sind wann für wen wie wirksam?

Psychotraining kann nur dann optimal wirksam sein, wenn klar ist, wie und durch welche Komponenten das eigene Verhalten und so auch die Leistung bestimmt werden.

Die meisten psychischen Leistungsanteile sind auch wichtige Persönlichkeitsaspekte.

Folgende Grössen sind in diesem Zusammenhang speziell verhaltens- und leistungsbeeinflussend:

- Einstellung,
- Leistungs- und Verzichtbereitschaft,
- Bedürfnisaufschubfähigkeit,
- Wille sowie
- Kompetenz, Prozesse rhythmisieren zu können,
  wirken sich je nachdem nachhaltig auf die Leistungserbringung aus.

> **Die Frage, wer sich, wenn es darauf ankommt, tatsächlich auch durchsetzen kann, ist im Wesentlichen eine Frage der Persönlichkeit!**

Und ausserdem:

- die Kompetenz, die eigenen Emotionen – auch unter Stressbedingungen – kontrollieren zu können
- die Stabilität eines möglichst realistischen Selbstvertrauens
- die Kompetenz, sich in Lern- und Leistungssituationen auf das Wesentliche konzentrieren zu können
- die Kompetenz, mit Stress und Angst – auch in durch Niederlagen bedingt schwierigen Zeiten – umgehen zu können
- die Kompetenz, sich – auch in misslichen Lagen! – motivieren zu können
- die Kompetenz, sich in das soziale Umfeld integrieren und mit den in diesem Bereich zu nutzenden Energien umgehen zu können

Im Hinblick auf ein wirkungsvoll zu gestaltendes Psychotraining gilt es auch folgende Fragen genauer abzuklären:

- Wie werden leistungsrelevante Informationen aufgenommen und wie verarbeitet, und zwar vor, während und nach bestimmten Ereignissen?
- Wie ist der Umgang mit Empfindungen, Gefühlen, Gedanken u. ä. in heiklen Lern- und Leistungssituationen?
- Wie stelle ich mir z. B. technische Bewegungsabläufe vor? Worauf konzentriere ich mich?
- Wann bin ich unter welchen Bedingungen eher erfolgsorientiert, wann eher ängstlich und habe wenig Selbstvertrauen, wann habe ich wenig Selbstkontrolle und mangelt es mir an Selbstwirksamkeit?

Was wirkt wann für wen unter welchen Bedingungen wie?

Empfehlungen:

- Versuche, mögliche Ursachen und Zusammenhänge deines Verhaltens und Erlebens zu ergründen!
- Leite davon gezielte Verhaltensvoraussagen und Selbstanweisungen ab!
- Versuche, auch individuelle oder gruppenbezogene Prozesse für dein eigenes Handeln erfolgsbestimmend zu nutzen!

Für ein vertieftes Studium dieser Aspekte eignet sich folgende Fachliteratur: BAUMANN 1998²; HAHN 1996; NITSCH 1992⁴/1997; SEILER/STOCK 1994.

Psychotraining – was heisst das genau?

Unter Psychotraining werden Trainingsverfahren verstanden, die auf psychische Leistungsanteile positiv einwirken (sollten). Individuelle Ressourcen gilt es mit einem entsprechend gestalteten Psychotraining gezielter zu nutzen, und so werden die gesteckten Ziele hoffentlich wirkungsvoller erreicht.

Mit einem auch individuell abgestimmten Psychotraining werden lern- und leistungsrelevante Verhaltensmuster optimiert! Bei dieser Abstimmung gilt es folgende Aspekte mit zu berücksichtigen:

- die Person
- die Situation
- die Besonderheiten einer bestimmten Sportart

Psychische Akzente

Wer um seine eigenen Grenzen weiss, kennt auch den Weg!

Auf der unendlichen Suche nach dem grossen Erfolg

Wer auf die folgenden Fragen individuell abgestimmte, zudem die Gesamtsituation berücksichtigende Antworten geben kann, verfügt über jenes Orientierungswissen, das zur erfolgreichen Gestaltung des gesamten Trainings viel beitragen kann:

> Mit einem erfolgreich konzipierten Psychotraining wird versucht, folgende Bereiche gezielter, ökonomischer und effizienter zu gestalten:
> - das Lernpotenzial
> - die Leistungsbereitschaft
> - das Selbstvertrauen und die Stressresistenz (Frustrationstoleranz)
> - die Selbstwirksamkeit (d.h. alles, was das individuelle Durchsetzungsvermögen optimiert)
> - die Realisierungsfähigkeiten

Der Hinweis mit Aufforderungscharakter, festgehalten in Delphi (Apollon-Tempel), hat nichts an Bedeutung eingebüsst: «Erkenne dich selbst!»

- Auf welcher diagnostischen Grundlage kann ich aufbauen?
- Welche prognostizierbaren Perspektiven habe ich?
- Welche Trainingsmassnahmen wirken für mich wann? Unter welchen Bedingungen? Bei welcher Dosis? In welcher Art und Form wirken sie sich wie bei mir aus?
- Welche Ziele verfolge ich beim Sporttreiben?
- Welche Motive treiben mich an?
- Welche Wirkung will ich durch mein Sporttreiben erzielen und welche Erfüllung erlangen?
- Welche Bereiche interessieren mich vor allem (vgl. Grafik Seite 144)?
  - «Leistung und Ergebnis»
  - «Gesundheit und Fitness»
  - «Lebensqualität und ganzheitliches Gleichgewicht»
- Was suche ich (vgl. Grafik Seite 144)?
  - «Spass und Freude»
  - «Abenteuer und Risiko»
  - «Wohlbefinden und (Ent-)Spannung»

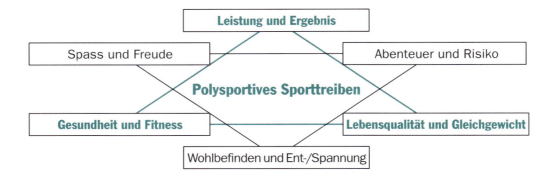

Orientierungsvielfalt im Sporttreiben – im Spannungsfeld möglicher Motive (nach HOTZ 1991 f.)

Von Zielsetzungen und ihren Konsequenzen

Andere Zielsetzungen verlangen andere Schwerpunkte und entsprechende Massnahmen im Training. Auch in psychologischer Hinsicht. Will ich meine Ziele effizient erreichen, muss ich mir im klaren sein, wie es um meine Motivation steht.

• Inwiefern ist sie intrinsisch oder extrinsisch? Bin ich also von der Sache her oder von der Aussicht auf bestimmte Belohnungen/Sanktionen motiviert?

Wir erkennen:
Der Motivationsgrad bestimmt die Qualität meines Wirkungsgrades in Training und Wettkampf!
Diese Qualität wiederum ergibt sich aus dem komplexen Wirkungsgefüge, dadurch, wie sich die folgenden Aspekte im Verbund gesamthaft auswirken: Es sind dies die Art und Weise der Trainingsgestaltung, der Trainingsumfang, die Trainingsintensität und der stets neu abzuwägende Übungs-Mix: Zuerst: **A**uswählen, dann: **R**eihen und endlich: **D**osieren! (= das sog. ARD-Prinzip nach HOTZ 1997, 214)

Wie steht es mit Trainingsrezepten?
Wie wissenschaftlich auch immer das Training gestaltet werden kann, immer wird auch das Prinzip «Versuch und Irrtum» den Erfolg mitbestimmen! Erfolgsrezepte im engeren Sinne gibt es keine! Im weiteren Sinne sind sie Problemlösungsstrategien, die dazu beitragen, selbst in anspruchsvollen Situationen die harten Schalen bestimmter Nüsse knacken zu können.

Die Konstellation zwischen Person, Aufgabe und Situation beeinflusst die psychischen Leistungsanteile massgeblich!

Bedenke:

Es gibt keine allgemeingültigen Rezepte, weil es nur auf hohem Abstraktionsniveau allgemeingültige Aussagen gibt! Die optimale Trainingsgestaltung ist in hohem Masse von der betreffenden Person und der sie gerade mitbeeinflussenden Situation gekennzeichnet. Alles muss immer wieder im Rahmen der jeweiligen Beziehungen (Relationen) erkannt werden. Deshalb ist auch alles relativ und nichts absolut. «Absolut» heisst losgelöst, wir aber sind immer vernetzt mit andern situativen Aspekten. Die Schwierigkeit, die wir in diesem Zusammenhang oft haben, liegt darin begründet, dass wir im Erfassen einer komplexen Situation noch sehr viel methodologische Rückstände haben. Dies trifft auch auf die optimale Gestaltung von Trainingsprozessen zu.

Die individuell-situative Verhältnismässigkeit, die bei der Trainingsgestaltung, besonders im psychischen und psychologischen Bereich, zu berücksichtigen ist, entspringt einem andern Denken als der Wunsch nach einem Rezept. Die Funktion der Rezepte ist die Sicherheit, die es aber bei der Erfolgsplanung nicht gibt. Wir können uns lediglich darum bemühen, das nicht zu tun, was die Erfolgswahrscheinlichkeit schmälern könnte! Auf der konsequent wissenschaftlichen Argumentationsschiene kann einzig gesagt werden: Diese oder jene Massnahme hat den Erfolg offensichtlich nicht verhindern können…

Hinweis: Erwirb frühzeitig genauere Kenntnisse über Wirkung, Ablauf, Ort, Zeitpunkt, Dauer und Wiederholung sowie Anwendung von einzelnen Psychotrainingsverfahren! Folgender Literaturhinweis hilft bestimmt weiter: SEILER, R./STOCK, A.: Handbuch Psychotraining im Sport, rororo, Reinbek 1994.

Einige Wegmarken zum Erfolg – Tipps und Fragen

Interpretiere auch den Trainingsalltag als sich lohnende, weil auch spannende Herausforderung! Bedenke: Die Einstellung bestimmt die Qualität meines Engagements, also sind es oft die Dosis, das situationsangemessene Gewichten der jeweiligen Erfolgskomponenten und die Kompetenz, mich zur rechten Zeit für das Richtige zu entscheiden, die das Zünglein an der Waage ausmachen.

Psychologisches Reflektieren beginnt mit Fragen:
• Kann Sporttreiben den Menschen in seinem Denken, Fühlen und überhaupt in seinem Verhalten verändern? Und wenn, dann wie?
• Was zeichnet erfolgreiche Athletinnen und Athleten aus, was Hobby-Sportler/innen, und zwar besonders auch in psychischer Hinsicht?
• Wie und wann werden – zudem: von wem? – psychische Leistungskomponenten wirkungsvoll gesteuert und auch trainiert?

- Wie werden die Lern- und Leistungsbereitschaft sowie die Freude und der Spass im sportlichen Tun gemehrt?
- Wie wird psychische Stabilität – auch in Stress-Situationen – optimiert?
- Wie werden Motivation und Gestaltung der Psychoregulation (z.B. emotionale Stabilisierung und Steuerung des Selbstvertrauens) optimiert?
- Wie werden das Aufmerksamkeits-, das Konzentrations- und das Entspannungstraining gezielt gefördert?
- Wie werden Angst und Stress bewältigt?

Wer psychisch stabil ist, wird dank seiner Frustrationstoleranz auch den Alltagsstress besser ertragen können!

Wer mehr über sich selbst weiss, hat genau dadurch auch die erfolgsversprechendere Ausgangslage!

Wo beginnen wir? Wie ist die Ausgangslage?

Jeder Entwicklungsprozess braucht Perspektiven
Eine differenzierte Standortbestimmung, dann ein in Relation gesetztes Ziel – doch zuerst einige präzise Antworten auf folgende Fragen:
- Wo stehe ich? (Orientierung!)
- Was kann ich und wozu bin ich in der Lage? (Einschätzung meines Potenzials!)
- Was will ich eigentlich wann und unter welchen Bedingungen erreichen? (Klärung der Richtung und der Grenzen)
- Was muss ich erwerben, was kann ich anwenden und was trainierend gestalten? (Planung: Was ist [noch] zu tun?)
- Soll ich und darf ich, was ich vielleicht könnte? (Miteinbezug der ethischen Referenzwerte)

Erkenne, wohin deine Reise geht!
Lerne deine Ressourcen, deine psychischen Möglichkeiten und Grenzen kennen, denn wer sich selbst kennt, weiss, wo sie/er tatsächlich auch steht, wohin die Reise geht und wie weit der Weg noch ist.

«Soviel Egoismus wie für den fairen Erfolg nötig, soviel Solidarität und Loyalität wie möglich!»

- Motiviere dich täglich von neuem! Setz dich in Kenntnis darüber, was für dich und dein optimales Training entscheidend sein könnte!

- Interessiere dich auch für die Meinung deines Trainers! Was denkt er über deine Möglichkeiten, und wie stimmt sein Bild mit deiner Selbsteinschätzung überein?

> **Informiere dich! Beschaffe selbst die Informationen und warte nicht, bis die andern dir zuvorkommen! Arbeite mit jenen zusammen, die dich auf deinem Weg weiterbringen!**

- Und prüfe stets: Was kann ich im Rahmen meines Psychotrainings noch verbessern? Vor allem in diesen Bereichen:

- Die Bedingungen optimieren (Voraussetzungs-Aspekt).
- Die Entwicklungvorgänge verbessern – Steuerung und die Regulation (Prozess-Aspekt).
- Die Auswirkungen deines gezielten Einsatzes im Training erahnen und in der Planung und in der Realisierung miteinbeziehen (Folgen-Aspekt).

Was will ich erreichen, und wie soll ich planen?

Wunschdenken verträgt sich mit der Wirklichkeit nicht! Besonders im Leistungssport dürfen sich jene, die hochgestellte Ziele erreichen wollen, nichts vormachen. Und auch in diesem Bereich gibt es keine Rezepte! Dennoch: Mit guten Tipps wird mancher Einstieg erleichtert.

Was soll ich trainieren?

Orientiere dich stets an der Funktion deines Tuns, differenziere die entsprechenden Handlungsstrukturen und integriere die Konsequenzen in deine individuelle Formplanung!

Die Frage: «Was soll ich – in psychischer und psychologischer Hinsicht – trainieren?» wird meist erst in der Krise gestellt. Der Schriftsteller Max FRISCH (1911–1991) hat einmal in diesem Zusammenhang geschrieben: *«Das Leben ist schön, wenn man nicht denkt! Und man denkt ja nur, wenn man in einer Flaute sitzt!»* Gerade im psychisch-psychologischen Bereich wird oft von der Hand in den Mund gelebt! Erst wenn der Leidensdruck gross genug ist, das Wasser am Hals steht, stellt sich der «Kleine Mann» (Hans

> - **Will ich meine Ziele erreichen, muss ich in allen Prozessabschnitten die psychisch relevanten Anteile verbessern. Gefragt sind individuelle Wege!**
> - **Verbessere deinen Antrieb! (Antriebe sind zielgerichtete Energieimpulse, die zur Realisierung der Motive oder Bedürfnisse sehr viel beitragen können.) Ich nehme die Herausforderung an! Und ich glaube an meine Kompetenzen!**
> - **Steure gezielter und konsequenter!**
> - **Setze dir realistische (Teil-)Ziele!**
> - **Zieh aus deinen Erfahrungen die richtigen Konsequenzen!**

FALLADA; 1893–1947) die Frage: «Was nun?» Der Sinn der Planung ist es, ihre Funktion, nämlich zu antizipieren, zu erfüllen: Antizipieren heisst Zeit zur guten Vorbereitung gewinnen und dadurch, gleichsam als Definition der Taktik, «dem Gegner rechtzeitig zuvorkommen».

> **Willst du erfolgreich Wettkämpfe bestreiten, lerne, dich beizeiten vorzubereiten!**

- In erster Linie: Trainiere deine Trainierbarkeit und deine Belastbarkeitstoleranz, und zwar in physischer wie in psychischer Hinsicht!
- Lerne, dich auch in schwierigen Situationen selber zu motivieren!
- Ohne «gesundes» Selbstvertrauen und Zuversicht in das eigene Leistungsvermögen kein Erfolg!
- Lerne deine Stimmungen, deine Gefühle, aber auch deine Aggressionen und deine Schwächen rechtzeitig in den Griff zu bekommen! Nutz diese Kräfte und Energien und kanalisiere sie in erfolgsversprechende Bahnen!
- Lerne zuerst deine Einstellung kennen, dann versuche sie zu kontrollieren, denn sie beeinflusst deine Motive und deine Fähigkeit, Reserven zu mobilisieren, sowie überhaupt die Qualität deines Trainings!

Seinen eigenen Energiefluss steuern zu können zeichnet emotional stabile Könner/innen aus!

> **Was immer du tust, tue es mit reflektiertem Engagement und optimaler Intensität, doch vergiss die notwendigen Erholungspausen nicht! Die Qualität deines Engagements hängt wesentlich von deiner Einstellung und Konsequenz ab!**

- Trainiere als Folge dann die sog. richtige Einstellung zur rechten Zeit! Auch der Erfolg des Timings hängt vom Timing ab! Erfolgreiche Menschen nutzen ihren Rhythmus und steuern ihre Einstellung zielbewusst(er)! Einstellungstraining ist mehr als «nur» Willensschulung!
- Bedenke auch hier: Es ist an dir, deine für dich massgeschneiderten sogenannten Rezepte zu erfinden! Dank Selbstbeobachtung und Tagebuch fällt es oftmals leichter, zur rechten Zeit zu wissen, was das Richtige ist, was es zu trainieren gilt – auch im psychischen Bereich!

Welche Trainingsverfahren wähle ich, und nach welchen Methoden soll ich wie umfangreich und wie intensiv trainieren?

Zum Beispiel: das Einstellungstraining

- Welche psychischen Leistungskomponenten (Motive, Selbstvertrauen, Einstellungen, Konzentration, Erfolgsorientierung, Frustrationstoleranz, Rhythmus und Glück, Trauer und Angst sowie andere Befindlichkeiten) wirken sich bei mir wann und unter welchen Bedingungen wie aus?
- Die Qualität der individuellen Vervollkommnung wird durch die Steuerungskompetenzen bestimmt!
- Erfolgreich steuern heisst: zielgerichtet! ökonomisch! effizient! – gilt auch für das Persönlichkeitstraining!

Zum Beispiel: Selbstbefehle und Selbstbekräftigungen

Selbständigkeit setzt auch realistisches Selbsteinschätzungsvermögen voraus!

- Werde selbständig – motorisch wie sozial! Erwerbe die Kompetenz, dir Selbstbefehle erteilen und Selbstbekräftigungen geben zu können!
- Trainiere deine Selbsteinstimmung:
Alles in Ordnung! Heute ist mein Tag! Ich bin ganz entspannt! Ich will es, ich kann es! Bei mir ist alles in Ordnung! Entspanne dich! Ich fühle meine gute Form! Lächle!

> Wer – vor allem gute! – Ergebnisse realistisch seinem eigenen Können, also seiner Kompetenz, zuschreibt (attribuiert), stärkt sein Selbstvertrauen: Durch diese Sich-selbst-Zuschreibung wird das Zutrauen in die eigene Leistungsfähigkeit gesteigert!

- Trainiere deine Selbstsicherheit:
Ich bin hervorragend vorbereitet! Ich wage es! Heute gelingt mir, was ich mir vorgenommen habe! Alles läuft so, wie ich es trainiert habe! Ich fühle mich sicher! Ich werde es schaffen!
- Trainiere deine Selbststeuerung:
Jetzt kommt's drauf an! Nimm dich zusammen! Pass' auf und konzentriere dich! Mit voller Kraft voraus!
- Trainiere deine Selbstmobilisierung:
Ich hab noch Reserven! Fertig, los! Angriff! Noch kräftiger! Noch schneller! Noch konsequenter und kraftvoller voran! Durchhalten! Und jetzt erst recht: Endspurt!

Zum Beispiel: mentales Training

- Wer mental trainiert «spart Pulver und Schuh'»! (Gottfried KELLER, 1819–1890)
- Verbessere – wie bei jedem anderen Training auch – vorerst die situativen und die eigenen Voraussetzungen für ein erfolgreiches mentales Training!

Das klassische mentale Training umfasst folgende Aspekte (vgl. SEILER/STOCK 1994; GUBELMANN 1998):

- Ganzheitliche, gedanklich-intensive Auseinandersetzung mit dem gewünschten Bewegungsablauf, mit dem individuell möglichen Soll-Bild und den entsprechenden sensorischen Repräsentationen – ohne jedoch die Bewegung auch selbst auszuführen!
- Also: optimiere das Visualisierungstraining: Verbessere deine Handlungsabläufe durch planmässig wiederholtes, bewusstes Dir-Vorstellen (Visualisieren) der gewünschten (Eigen- oder Fremd-)Bewegung! Das Einnehmen der gleichen Körperstellung wie beim aktiv-motorischen Training bewährt sich!

Mentales Training zielt auf die Optimierung der Bewegungsvorstellung und des Selbstvertrauens.

- Optimiere das subvokale Training! Trainiere die gewünschte Technik, indem du dich mit Selbstgesprächen gezielt auseinandersetzest!
- Optimiere das «verdeckte Wahrnehmungstraining»: Trainiere die gewünschte Technik, indem du dir den selbst ausgeführten Bewegungsablauf vor dem geistigen Auge wiederholt vorführst und ihn entsprechend optimierst! Unterstütze dieses Training durch die Video-Aussenperspektive (Selbstkonfrontationstraining)!
- Optimiere das ideomotorische Training: Trainiere die gewünschte Technik, indem du die Innenperspektive der Bewegungsausführung intensiv nachempfindest und dir vorstellst!

> **Verbessere die Bereitschaft zum mentalen Training: Entspanne dich, damit du möglichst viele freie Kapazitäten im Kopf und im Herzen hast! Eliminiere – oder akzeptiere! – die dich störenden Gedanken und Gefühle!**

- Verbessere die Aktualisierung: Rufe deine Eigenerfahrungen mit der zu trainierenden (Technik-)Bewegung wach: Ich stelle mir den Bewegungsablauf vor, wie ich ihn ausgeführt habe, wie ich ihn erlebt habe und wie ich ihn zuvor geplant habe; ich vergleiche diese drei Modelle miteinander und ziehe die entsprechenden Konsequenzen (wichtig für Korrekturen)! Bedenke: Noch nie Realisiertes kann nicht mental trainiert werden, vorgestellt hingegen schon! Also unterscheide das Vorstellungstraining vom klassischen mentalen Training!

Mentales Training im Spannungsfeld zwischen Reflexion und Antizipation.

- Verbessere die Vergegenwärtigung: Reaktiviere deine eigene Bewegungsvorstellung, denn sie steht im Mittelpunkt jeder mentalen Trainingsform! Stelle dir keine vermeintlich idealen Bewegungsabläufe von Top-Athleten vor, denn sie nützen dir vor allem dann nur wenig, wenn du nicht über die dazu notwendigen Voraussetzungen verfügen kannst!
- Fertigkeiten mental trainieren heisst auch: Führe selbst in schwierigen Situationen positive Gespräche mit dir!
- Jede Selbstregulation beginnt mit einer bestimmten Vor-(aus)sicht, dann einer Ab-Sicht, die von möglichst viel Einsicht begleitet sein sollte:

«Alles sehen!» (sich orientieren)	«Vieles übersehen!» (wollen)	«Das Wesentliche erkennen!» (realisieren)
Vor-Sicht: Evaluiere und erkenne!	Ab-Sicht: Wolle und entscheide!	Aus-Sicht als Ein-Sicht: Realisiere und plane von neuem!
Antizipiere, blicke durch und erfasse Wesentliches!	Visiere an, wäge ab und wähle das Stimmige aus!	Gestalte Selbstgewähltes und Fremdbestimmtes! Erkenne die Konsequenzen!

Kernphasen sportlichen Handelns (nach HOTZ 2000).

Noch einmal alles auf den Punkt gebracht:

- Überzeuge dich, auch wenn du zweifelst!
- Lerne, deine Aufmerksamkeit auch bei allfälliger Ablenkung zielgerichtet zu steuern!
- Stell dich, dank Vorstellung und Antizipation, auf deine Bewegungs- und Handlungsziele optimal ein: Nimm deine Zukunft vorweg und vergegenwärtige sie im Jetzt und vor allem in deinem Bewusstsein!
- Entwickle Problemlösungsstrategien und passe sie der jeweiligen Situation an! Dazu gehören: Beruhigungs- und Entspannungstechniken, aber auch das Umgehen mit Anspannung, Stress und Nervosität!
- Mobilisiere in Leistungssituationen nicht nur physische, sondern auch psychische Reserven!
- Stabilisiere dein Selbstvertrauen, denn emotionale Stabilisierung ist oft entscheidender als vermeintliche Automatismen!

Alle bewussten Psychotrainingstechniken akzentuieren stets das Aufbauen, Präzisieren und erfolgreiche Realisieren der Bewegungsvorstellung!

- Bewältige auch unangenehme Situationen, indem du oft in deinem Spiegel gewahr wirst, mit wem du es eigentlich zu tun hast!
- Erhöhe deine fairnessbewusste Aggressivität trotz gebührender Achtsamkeit!
- Optimiere dein differenzierendes Denken: Zuerst orientieren, dann differenzieren, um schliesslich das Wesentliche in deine Handlungskompetenz integrieren zu können!
- Wer sich seine Ziele realistisch setzen will, braucht individuell differenzierte Diagnosen und Prognosen – auch in psychischer Hinsicht!
- Erfolgsorientierung beginnt im Herzen; positive Einstellungen und entsprechendes Verhalten begünstigen die Selbstwirksamkeit und lenken deine Energie in erfolgsversprechende Bahnen!
- Je realistischer deine Selbsteinschätzung, desto gezielter auch deine Selbststeuerung!
- Stärke dein realistisch entwickeltes Selbstvertrauen und stabilisiere deine Selbstwirksamkeit! (Vgl. Abb. auf Seite 14.)
- Ohne Ziele keine Orientierung und ohne Orientierung an bestimmten Zielen keine emotionale Steuerung und rationale Kontrolle!
- Attraktive Ziele steigern die Motivation und können auch Reserven mobilisieren!

Die Kraft des Erfolges entspringt nicht dem Kopf, sondern dem Herzen!

Was schliesslich zum Erfolg wesentlich beitragen könnte

- Lebe für deine Idee im Sport, aber erkenne, dass es noch wichtigere Dinge im Leben gibt! Bewahre stets Alternativen zum Sporttreiben!
- Überzeuge dich selbst, dass du deine eigenen Stärken noch weiterentwickeln kannst!
- Erkenne deine Möglichkeiten; setze realistische Ziele und stärke deinen Willen!
- Erspüre auch dein optimales emotionales Erregungsniveau und dosiere deine Energien situationsangemessen!
- Bleibe emotional stabil, auch dann, wenn die Bedingungen nicht gerade ideal sind!
- Lerne, über dich hinauszuwachsen, wenn es darauf ankommt!
- Pass dein Verhalten erfolgreich den Gegebenheiten an!
- Erfasse die Situation blitzschnell, mobilisiere deine Reserven und bewahre deine psychonervale Frische!
- Und zum Schluss: Erkenne, dass Psychotraining vor allem dazu beitragen soll, dass du mit deinen Stärken und Schwächen erfolgreicher umgehen kannst! Und dies wird dir nur dann gelingen, wenn du auch deine Schattenseiten zu akzeptieren gelernt hast: «Es kommt auf den Umgang mit meinen Sonnen- und Schattenseiten an!»

Psychische Akzente

Zur faszinierenden Aspektvielfalt des Psychotrainings

- Aufmerksamkeitstraining
- Beeinflussungskonzeptionen
- Bewegungsregulationstraining
- Hypnose mit Suggestion (Visualisation)
- Verhaltenstraining
- Kognitive Strategie
- Kontrolltechniken der Wahrnehmung
  und Sensomotorik
- Mentales Drehbuch
- Mentales Training (MT)
- Observatives Training und Videoanalysen
- Psychologisches Aufgabentraining
- Psychologisches Training
- Psychoregulation
- Regulative Musiktherapie
- Sensomotoriktraining
  Selbstkontrollstrategien
- Stress-Training

- Autogenes Training
- Bewältigungsstrategien
- Handlungsregulatives Training
- Ideomotorisches Training
- Imitationstraining
- Kompensationstracking
- Konzentrationstraining
- Kritik-Einimpfungstraining (CIT)
- Mentale Techniken
- Progressive Muskelrelaxation
- Psychisches Regulationsverfahren
- Psychologische Betreuung
- Psychoregulatives Stufenprogramm
- Psychophysische Techniken der Körperkontrolle
- Psychoregulative Verfahren
- Selbstregulationstraining
- Stress-Mangement-Training (SMT)
- Verbales Psychoregulationsprogramm

(Quelle: HAHN 1996, 197 f.)

- Unangenehme Situationen und Zustände sowie Angst, Zweifel, vermeintliches Unvermögen, Aggression, Kraftlosigkeit, Frustration und Schlaffheit beeinträchtigen noch immer den Erfolg! «Alles ist möglich dem, der glaubt.» (Markus 9, Vers 23.)
- Ohne psychische Erholung und psycho-nervale Frische kein Optimum!
- Erkenne deine Grenzen, nutze deine Möglichkeiten!
- Wer nicht nur um seine Grenzen weiss, sondern auch um seine Reserven und allenfalls um seine Kompetenz, im entscheidenden Moment über sich hinauswachsen zu können, verfügt wahrscheinlich über erfolgsversprechende Perspektiven für die Gestaltung seiner Handlungsspielräume!

Erfolgreiches Psychotraining heisst immer wieder von neuem die Zweifel ausräumen.

- Zielbewusstsein und Willensstärke werden erst im Durchhaltevermögen zum Durchbruch kommen!
- Mach dir nichts vor, sei ehrlich (auch) zu dir selbst, bestärke und überzeuge dich von deinen Qualitäten, die gerade im Hier und Jetzt von grosser Wichtigkeit sind!

- Lerne dich selbst besser kennen, auch unter Stress! Versuche stets, das Wesentliche zu erkennen, dich erfolgsorientiert zu steuern und, wenn möglich, auch emotional zu kontrollieren!
- Mentale Stärke optimiert die Selbstkompetenz!
- «Ganzheitliches Energietraining ist mehr als traditionelles Krafttraining!» (HOTZ/EGGER 1999)

Die zehn Kernaufgaben des Psychotrainings

1. Regulation von Bewegungen und Techniken beim Erlernen, Vervollkommnen und Korrigieren
2. Regulation des Handelns beim Bewältigen taktischer Anforderungen
3. Einstellung zu sich selbst – ein Selbstkonzept
4. Willenseinsatz und Selbstmotivierung
5. Regulation des aktuellen psychophysischen Zustands
7. Psychische Regulation im Wettkampf
8. Regeneration nach Trainings- und Wettkampfbelastungen
9. Regulation sozialer Beziehungen im sportlichen und aussersportlichen Umfeld
10. Lebensorientierung und langfristige Karriereplanung

(Quelle: MATHESIUS 1996, 34)

Trainingssteuerung

Weder der Erfolg noch die Leistung kann gesteuert werden – einzig das Training, und zwar mit dem Ziel, die Leistung zu verbessern und den Erfolg zu ermöglichen!

Bild: Hans Krebs

Trainingssteuerung – ein wichtiger Wegbereiter zum Erfolg!

Die Steuerung des Trainings ist abhängig von den Zielsetzungen! Erfolgsorientierte Leistungssportler/innen müssen in diesem Zusammenhang jedes Detail genauestens berücksichtigen. Im Schul-, Fitness- und Seniorensport hingegen hat die Trainingssteuerung eine möglicherweise etwas geringere Bedeutung, zumal der Zeitdruck eher wegfällt. In diesen Sparten wird aber der Förderung und Erhaltung der Gesundheit und des psychosozialen Wohlbefindens eine mindestens ebenso wichtige Bedeutung wie der Verbesserung der Leistungsfähigkeit beigemessen.

Die Trainingssteuerung ist eine organisatorische Massnahme, die dazu dient, sportliche Ziele zu einem bestimmten Zeitpunkt möglichst optimal erreichen zu können!

Die Trainingssteuerung orientiert sich an *Trainingsprinzipien*, die sich auf wissenschaftliche Erkenntnisse und praktische Erfahrungen stützen. Wenn diese Trainingsprinzipien befolgt werden, kann dies dazubeitragen, die gesteckten Ziele – beispielsweise ohne Verletzungen, also auf direktem Wege, zu erreichen.

Trainingsprinzipien sind allgemeine Grundsätze für die Planung und Durchführung des Trainings!

In der umfangreichen Literatur der Trainingslehre – FREY/HILDEBRANDT 1994/95; GROSSER/STARISCHKA 1998; MARTIN et al. 1991; RÖTHIG/GRÖSSING 1990; SCHNABEL et al. 1997; WEINECK 1997 u. a. – werden die Trainingsprinzipien nicht ganzheitlich, teilweise sogar einseitig naturwissenschaftlich behandelt. Hier werden nun die Trainingsprinzipien aus möglichst vielen Bereichen, wenn auch auf das Wesentliche reduziert, vorgestellt.

Trainingsprinzipien – die konkreten Steuerinstrumente!

Trainingsprinzipien können sich auf die vielfältigsten Bereiche beziehen. Ihnen gemeinsam ist ihre Funktion, zur Optimierung der Leistungsfähigkeit einerseits sowie zum physischen, psychischen und sozialen Wohlbefinden anderseits beizutragen. Wir wollen sie wie folgt gliedern:
• Soziologisch-pädagogisch-psychologische Trainingsprinzipien
• Biologische Trainingsprinzipien
• Biomechanische Trainingsprinzipien
• Didaktisch-methodisch-organisatorische Trainingsprinzipien

Soziologische, pädagogische und psychologische Trainingsprinzipien

Die Art und Weise des Sporttreibens, insbesondere wie sich der ganze Sport entwickelt hat – z. B. Spielregeln oder Wettkampfreglemente –, kann nur im Rahmen der gesellschaftlichen Rah-

Stets gilt es, die gesellschaftlichen Rahmenbedingungen zu respektieren!

menbedingungen verstanden und interpretiert werden. Doping ist für ethisch denkende und fair handelnde Sportler/innen kein Thema, nicht weil Doping der Gesundheit schaden kann, sondern weil solches Tun regelwidrig und überdies den Mitkonkurrent/innen gegenüber unfair ist.

Sportarten, die Leben und Gesundheit gefährden sowie die Umwelt unverantwortlich stark belasten, müssen zumindest überdacht werden.

Gemeinsames Trainieren in einer Gruppe oder das Bestreiten von Wettkämpfen mit Gleichgesinnten können bei auch pädagogisch verantwortungsvoller Führung durch Trainer/innen oder Sportlehrer/innen wertvolle erzieheri-

Sporttreiben kann zur Erziehung zu mehr Fairness, aber auch zur Persönlichkeitsentwicklung beitragen!

sche Massnahmen sein. Im Jugendalter hat die Persönlichkeitsentwicklung sogar Priorität gegenüber der (einseitigen) Förderung der Leistungsfähigkeit! Mündige Sportler/innen-Persönlichkeiten haben gelernt, fair, eigenverantwortlich und selbstständig zu handeln, Tugenden, die sich ohne Frage auch im Alltag bewähren.

Ob dies gelingt, hängt weitgehend vom Persönlichkeitsprofil der Trainer/innen und ihrer Selbst-, Unterrichts-, Sozial- und Fachkompetenzen ab. Gute Trainer/innen fördern durch pädagogisch souveränes Verhalten die Selbstständigkeit der Sportler/innen, treten diesbezüglich mit der Zeit mehr in den Hintergrund und verlagern ihre Akzente auf andere Bereiche.

Positiv denken, sich selber motivieren und regulieren, dank Erfolgserlebnissen Selbstvertrauen aufbauen und sein physisches Potenzial ausschöpfen können, dies alles sind Fähigkeiten (Kompetenzen), die erstrebenswerterweise erworben werden können!

Biomechanische Trainingsprinzipien

Die Art der Bewegungsausführung wird auch durch anatomisch-physiologische Gegebenheiten und Voraussetzungen – z.B. Hebelverhältnisse, Muskelkraft u. a. – bestimmt sowie durch von aussen wirkende Kräfte, beispielsweise: Erdanziehungskraft, Luft- und Schneewiderstand u. ä.

> **Werden biomechanische Trainingsprinzipien eingehalten, erhöht sich die Wahrscheinlichkeit, dass Bewegungsaufgaben individuell optimal gelöst werden können!**

Grosse Anfangskraft – z.B. durch Ausholbewegung –, optimal lange Beschleunigungswege – z.B. beim schlagen eines Golfballes –, koordinierter Bein-, Rumpf- und Armeinsatz – z. B. beim Werfen – sind Erfordernisse für die Bewegungsausführung, die ihrerseits durch physikalische Gesetzmässigkeiten wie «actio = reactio» – z.B. beim Diagonalschritt im Skilanglaufen – und die Impulserhaltung – z. B. bei einer Pirouette – beeinflusst werden.

> **Biologische Trainingsprinzipien lassen sich aufgrund von Erfahrungswerten – Reaktion des Körpers auf Trainingsreize – ableiten. Ihre Umsetzung erhöht die körperliche Leistungsfähigkeit und ermöglicht ein eher verletzungsarmes Sporttreiben!**

Biologische Trainingsprinzipien

Die biologischen Trainingsprinzipien werden in der Literatur meist – zu Recht? – als die wichtigsten Trainingsprinzipien dargestellt.

- Ein überschwelliger Reiz bewirkt eine körperliche Reaktion. Nach einem trainingswirksamen Reiz erhöht sich die Leistungsfähigkeit in der Erholungsphase über den Ausgangspunkt hinaus (Fachausdruck: Über- oder Superkompnsation).
- Die Trainingsbelastung ist allmählich, zuerst über eine Umfang-, später dann über eine Intensitätssteigerung, zu erhöhen.
- Die Trainingsbelastungen sind auf das Alter und die individuellen Voraussetzungen der Sportler/innen abzustimmen.
- Physische und koordinative Fähigkeiten können untereinander positive, aber auch negative Wechselbeziehungen haben: z.B. verträgt sich Schnelligkeit zu Koordination positiv, Maximalkraft zu Ausdauer hingegen eher negativ.

- Da die Trainingsmassnahmen mit der Zeit an Wirksamkeit einbüssen, müssen sie immer wieder mehr oder weniger variiert werden.
- Ein sich periodisch änderndes Training hat grössere Wirkung auf die Leistungsfähigkeit als ein Training mit immer gleichen Belastungsdosierungen. Die Periodisierung ist ein Muss für Leistungssportler/innen zur Steigerung ihrer Form auf einen bestimmten Höhepunkt hin. Die Periodisierung kann auch im Schul- und Fitnesssport eine willkommene Abwechslung bedeuten.
- Das Techniktraining, insbesondere das Neulernen von Techniken, wird mit Vorteil nach dem Einlaufen und der Gymnastik zum eigentlichen Trainingsbeginn angesetzt! Das Training der energetisch-konditionellen Fähigkeiten folgt in der Reihenfolge der Bewegungsgeschwindigkeit:
  - «Schnelligkeit vor Schnellkraft!»
  - «Schnellkraft vor Maximalkraft!»
  - «Maximalkraft vor anaerober Ausdauer!»
  - «Anaerobe Ausdauer vor aerober Ausdauer!»

Didaktische, methodische, organisatorische Trainingsprinzipien

Die Informationen sollen klar, eindeutig, verständlich, wenn möglich auch anschaulich und animierend sein, so dass Sportler/innen eine genaue Vorstellung über ihre Bewegungsaufgaben und/oder andere Zielsetzungen des Trainings haben. Gegebenenfalls müssen Unklarheiten ausdiskutiert werden, jedenfalls gilt es dafür zu sorgen, dass Sportler/innen ihre Herausforderungen motiviert anpacken.

> **Gute Trainer/innen und Sportlehrer/innen bereiten ihre Sportler/innen gleich zu Beginn des Trainings mit präzisen Informationen auf die kommenden Trainingsaufgaben vor!**

Bewährte methodische Aufbaureihen sowie Korrekturübungen sind aufgrund praktischer Erfahrungen entwickelt worden; sie müssen gegebenenfalls individuell differenziert und modifiziert werden!
Wichtige methodische Kernsätze lauten nach wie vor:
- Vom Bekannten zum Neuen!
- Vom Einfachen zum Komplexen!
- Von langsamen zu schnellen Bewegungen!
- Von Teilbewegungen zu Ganzheitsbewegungen!
- Vom Wesentlichen zur Vielfalt!

Die Erfolgswahrscheinlichkeit des Trainings kann durch aktive Mitarbeit der Sportler/innen erhöht werden. Mentales Training unterstützt das praktische Training in wertvoller Weise, ebenso soll versucht werden, die Bewegungen bewusst zu erleben und anschliessend zu reflektieren.

> **Ein Training ist dann gut organisiert, wenn unter den gegebenen Voraussetzungen ein Optimum herausgeholt werden kann!**

- Trainingsziele sind der rote Faden im Trainingsprozess. Daran gilt es sich stets zu orientieren.
- Systematisch trainieren heisst ein bestimmtes Konzept konsequent umsetzen.
- Der Soll-Ist-Vergleich zeigt in der Auswertung die Stärken und Schwächen auf. Daran lässt sich erkennen, wo in erster Linie der Hebel angesetzt werden muss.
- Die Konzentration auf das Wesentliche hat zur Konsequenz, die klar trainingswirksameren Massnahmen den weniger wirksamen vorzuziehen.

Steuerung und Regelung bestimmen die Trainingsqualität!

Die Trainingsprinzipien – als Ergebnis wissenschaftlicher Erkenntnisse und praktischer Erfahrungen – führen zu allgemein akzeptierten Steuerungsmassnahmen. Die Praxis lehrt uns allerdings, dass der Steuerungsprozess in seinem Verlauf längst nicht immer unseren Wünschen entspricht. Deshalb müssen Kontrollschritte – eine Art Regelmechanismen – eingebaut werden.

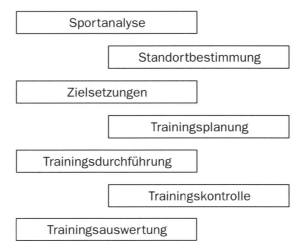

Die Steuerung und Regelung des Trainings.

Trainingssteuerung

Im Anfang die Sportartanalyse!

Die koordinativen Fähigkeiten und Fertigkeiten sowie die physischen und die psychischen Leistungsvoraussetzungen sind je nach Sportart und Disziplin in unterschiedlichem Masse leistungsbestimmend. Bei der Sportartanalyse geht es vorerst darum, die Bedeutung der einzelnen Fähigkeiten – beispielsweise prozentmässig in einer Art Anforderungsprofil – zu gewichten (vgl. Kapitel 2, Seite 8).

Fähigkeiten	Turnen (%)	Fussball (%)	Gewichtheben (%)	Marathon (%)	Schulsport (%)
Koordination	45	40	20	10	50
Kraft	20	10	50	5	10
Schnelligkeit	5	10	10	10	10
Ausdauer	5	10	5	60	10
Beweglichkeit	10	5	5	5	10
Psyche	15	20	10	10	10

Mögliche prozentuale Gewichtung der Fähigkeiten einzelner ausgewählter Sportarten.

Die einzelnen leistungsbestimmenden Fähigkeiten müssen genauestens analysiert werden.

Bei der Koordination gilt es zu überlegen, welche Aspekte der koordinativen Handlungskompetenz (vgl. Kapitel 5.) besonders wichtig sind, um den Bewegungsablauf – die entsprechenden koordinativen Fertigkeiten – optimieren zu können. Biomechanische Analysen können weiterhelfen, die leistungsbestimmenden kinematischen (z. B. Körperhaltung, Winkel, Strecken u. ä.) und kinetischen (Kräfte) Merkmale zu finden.

Auch bei den Kraftfähigkeiten muss abgeklärt werden, welche entscheidenden Rollen die Maximal-, die Schnell-, die Reaktivkraft oder die Kraftausdauer allenfalls spielen.

> **Die Sportartanalyse zeigt den Weg, den es im Training einzuschlagen gilt!**

- Wie gross ist die Bedeutung der Reaktions-, der zyklischen oder der azyklischen Aktionsschnelligkeit im Schnelligkeitsbereich?
- Ist die aerobe Ausdauer (Leistungsfähigkeit oder Kapazität) wichtiger als die anaerobe Ausdauer?
- Wie muss die Beweglichkeit gewichtet werden?
- Welche psychischen Komponenten der Leistungsfähigkeit sind gefragt (Motivation, Wille, Sicherheit, Konzentration, Denken usw.)?

Ohne Standortbestimmung keine optimale Planung!

Wenn vom Anforderungsprofil her die Anteile der leistungsbestimmenden koordinativen, physischen und psychischen Fähigkeiten bekannt sind, können diese auch individuell diagnostiziert werden!

> **Je objektiver und genauer die individuelle Standortbestimmung vorgenommen wird, desto einfacher wird es, die Steuerungsschritte und die Ziele zu formulieren.**

- Wo sind die Differenzen zu den Klasseathlet/innen oder zu den sportartspezifischen Normen am grössten?
- In welchen Bereichen sind die individuellen Schwächen, aber auch Stärken zu orten?

Als Standortbestimmungen eignen sich besonders

- das Auswerten des Trainingstagebuches
- die Bewegungsanalysen, beispielsweise mittels Film, Video, Kraftmessplatte u. a.
- die Tests zur Erfassung der energetisch-konditionellen Fähigkeiten
- die Beweglichkeitstests
- die Tests zur Erfassung der psychischen Fähigkeiten
- die subjektiven Beobachtungen und Beurteilungen aus der Innensicht der Sportler/innen und der Aussensicht der Trainer/innen

> **Die Zielsetzungen weisen den Weg zum erhofften Erfolg!**

Die Zielsetzungen sind der rote Faden im Trainingsprozess, woran sich Athlet/innen und Trainer/innen immer wieder orientieren können!

Die Zielsetzungen lassen sich mit gutem Erfolg wie folgt unterteilen:

- langfristige Ziele: 2 bis 10 Jahre
- mittelfristige Ziele: 1 bis 2 Jahre
- kurzfristige Ziele: beispielsweise: Periodenziele, Wochen- oder Tagesziele

Auch inhaltlich empfehlen sich bestimmte Gliederungskategorien:

- übergeortnete Ziele: z. B. angestrebte Leistung
- Teilziele: z. B. technikbezogener, konditioneller oder psychischer Bereich
- spezifische Ziele: z. B. Maximalkraft oder aerobe Ausdauer

Sich Ziele zu setzen macht langfristig nur dann einen Sinn, wenn die Ziele realistisch sind und mehrheitlich erreicht werden. So bieten sie die beste Möglichkeit, um über Erfolgserlebnisse gewisse psychische Fähigkeiten, wie Selbstsicherheit und Selbstvertrauen, aufzubauen.

Die Trainingsplanung gilt es auf folgende Zielsetzungen auszurichten:
Die Planung ist die systematische Strukturierung des Trainingsprozesses unter gebührender Beachtung der ausgewählten Trainingsprinzipien!
Wie die Zielsetzungen kann die Planung ebenso in eine lang-, mittel- und kurzfristige Planung unterteilt werden.

> **Eine gute Trainingsplanung trägt zur Veranschaulichung und zur Vergegenwärtigung der Zukunft bei!**

Die langfristige Planung vom Schüler bis zum Erwachsenen weist unterschiedliche prozentuale Anteile der einzelnen Trainingsinhalte auf.

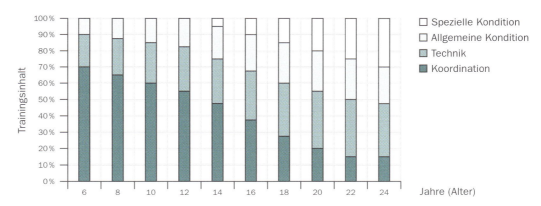

Inhaltliche Trainingsanteile bei einer langfristigen Planung mit dem Höchstleistungsalter um 25 Jahre (nach KUNZ).

Die einzelnen Planungsabschnitte sind sportartspezifisch unterschiedlich akzentuiert!

Im Grundlagentraining – im Alter zwischen 6 und 12 Jahren – liegt der Trainingsschwerpunkt bei der Förderung der koordinativen Handlungskompetenz (vgl. Kapitel 5). Das Techniktraining in der Spezialdisziplin hat eher noch untergeordnete Bedeutung. Das Konditionstraining muss allgemein, d. h. breit abgestützt und vielseitig gestaltet werden.

Im Aufbautraining – im Alter zwischen 12 und 18 Jahren – wird das Training der koordinativen Handlungskompetenz zugunsten des Techniktrainings eher reduziert! Das Training der energetisch-konditionellen Fähigkeiten nimmt hingegen zu und wird immer sportartspezifischer. Im Leistungstraining ab dem 18. Altersjahr wird der Anteil an Koordinationstraining zugunsten des speziellen Konditionstrainings deutlich reduziert!

Im kurzfristigen Trainingsprozess, also während einer Saison, gilt es ebenfalls die Kernsätze: «Vom Allgemeinen zum Speziellen!» und im Gegensatz zur langfristigen Planung «Von der Kondition zur Koordination!» zu beachten.

> **Zwei Kernsätze sind im langfristigen Trainingsprozess besonders zu beachten:**
> 1. «Vom Allgemeinen zum Speziellen!»
> 2. «Von der Koordination zur Kondition!»

Die einzelnen Planungsabschnitte können wie folgt gegliedert werden:
- *Langfristig: 2 bis 10 Jahre*
- *Mittelfristig: 1 bis 2 Jahre*
- *Kurzfristig: bis 1 Jahr*
- *Perioden: 1 bis 5 Monate (Vorbereitungs-, Wettkampf-, Übergangsperiode*
- *Makrozyklen: 3 bis 6 Wochen*
- *Mikrozyklen: 1 Woche*
- *Trainingseinheit: 1 bis 4 Stunden*

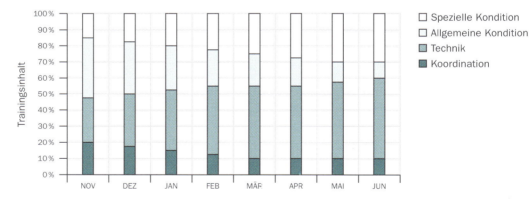

Inhaltliche Trainingsanteile bei der Jahresplanung eines Leistungssportlers in einer Sommersportart (nach KUNZ).

> **Eine hohes Niveau der energetisch-konditionellen Fähigkeiten und Fertigkeiten ist ein gutes Startkapital und Fundament für das Technik- und Koordinationstraining!**

Bei jugendlichen Leistungssportler/innen haben das Training der koordinativen Handlungskompetenz (vgl. Kapitel Koordination) und das allgemeine Konditionstraining gesamthaft eine grössere Bedeutung als beim Erwachsenen! Das spezielle Konditionstraining wird dagegen noch weniger gewichtet.

Die Trainingsbelastung wird bestimmt durch den Umfang und die Intensität. Die beiden Belastungskomponenten haben bei einer zweigipfligen Periodisierung einen typischen Verlauf. Bei hohen Trainingsumfängen kann die Trainingsintensität nicht maximal sein. Die Leistungsfähigkeit ist reduziert! Die Leistungsfähigkeit kann durch intensives Training bei deutlich reduziertem Umfang angehoben werden.

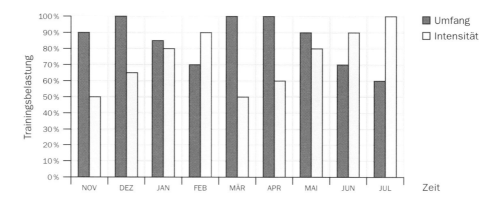

Umfang und Intensität bei einer zweigipfligen Jahresperiodisierung (Sommersportart; nach KUNZ).

Umfang und Intensität wechseln im gleichen Sinne bei den Makrozyklen und den Mikrozyklen! Eine wohldurchdachte und individuell abgestimmte Trainingsplanung ermöglicht die Optimierung der Leistungsfähigkeit zum gewünschten Zeitpunkt.

Das Training der Beweglichkeit und der psychischen Fähigkeiten variiert nur wenig, ist aber in den Trainingsprozess integriert und braucht nicht geplant zu werden!

Trainingsdurchführung – von der Idee zur Tat!

Die Trainingsdurchführung ist die Umsetzung der Planung in die Praxis. Es wäre allerdings eher die Ausnahme, wenn das Training immer planmässig ablaufen würde.

Es kann vorkommen, dass sich einzelne Trainingsmassnahmen, Trainingsmethoden oder Trainingsmittel nicht bewähren. Die Sportler/innen können beispielsweise über- oder unterfordert sein; die Trainingsleistungen stellen sich nicht wunschgemäss ein, oder die Erholungszeiten sind zu kurz bemessen u.a.m.! Ab und zu entsprechen auch die Rahmenbedingungen nicht den Erwartungen, was bezüglich Wetter, Hallenverhältnissen u. ä. immer wieder vorkommen kann! Auch sind die physischen und psychischen Voraussetzungen nicht immer optimal, und es können Krankheit, Verletzung, Motivationsmangel, Ängste und anderes mehr die Pläne kurzfristig durchkreuzen.

> Bei der Trainingsdurchführung geht es – wie übrigens beim Coaching auch – vor allem darum, selbst unter eher ungünstigen Bedingungen ein Optimum aus der jeweiligen Situation herauszuholen. Dies fällt dann leichter, wenn der rote Faden nicht aus den Augen verloren geht und möglichst wenig vom Konzept abgewichen wird, aber man trotzdem genügend flexibel bleiben kann.

Trainingskontrolle und Auswertung – ein Muss im Leistungssport!

Wer grosse Ziele im Leistungssport hat, muss sich schon früh darauf einstellen, sein Training zu protokollieren und auszuwerten. Das Führen eines Trainingsprotokolls ist auch im Schul- und Fitnesssport sinnvoll und kann möglicherweise zusätzliche Motivation sein! Gruppentrainings, beispielsweise das Taktiktraining in den Spielsportarten, sollen von den Trainer/innen und Sportlehrer/innen protokolliert werden. Die individuellen Trainings sind von den Sportlerinnen und Sportlern selber zu protokollieren. Im Trainingstagebuch muss das gesamte Training festgehalten werden, so beispielsweise die Art des Trainings, der Umfang, die Intensität, die Trainingsleistungen, der Gesundheitszustand u.a.m.! Je genauer Eintragungen, An- und Bemerkungen sind, desto mehr kann davon profitiert werden. Der aktuelle Trainingsstand kann einerseits mit dem Trainingstagebuch festgehalten und für die Zukunft gezielter gesteuert werden! Eine genauere Standortbestimmung ist wohl vor allem mit Tests möglich.

Tests dienen nicht nur der Standortbestimmung; sie sollten auch zu grösserer Selbstsicherheit führen, das Selbstvertrauen stärken und Hinweise dafür geben, wo im Trainingsprozess noch Reserven ausgeschöpft werden können.

Trainingssteuerung

Letztlich genügt es nicht, das Training nur zu protokollieren. Es muss auch entsprechend gründlich ausgewertet werden. Die folgende Abbildung zeigt das Beispiel einer möglichen Auswertung. Damit können die Zielsetzungen überprüft und Vergleiche zum Vorjahr angestellt werden.

Die Ergebnisse der Trainingsauswertung sind die Referenzwerte für die neuen Zielsetzungen und für die Planung der nächsten Phasen oder des nächsten Trainingsjahres!

Damit wird der grosse Steuerungs- und Regelungskreis sinnstiftend geschlossen!

> Tests müssen – genau wie die Wettkämpfe auch – geplant und ins Trainingsprogramm integriert werden! Sie müssen aussagekräftig, objektiv und wiederholbar sein!

	Woche														Jahr	
	Montag		Dienstag		Mittwoch		Donnerst.		Freitag		Samstag		Sonntag		Wo.-Total		Jahrestotal	
	Zeit	Anz. t	Zeit	Anz. t	Zeit	Anz. t	Zeit	Anz. t	Zeit	Anz. t	Zeit	Anz. t	Zeit	Anz. t	Zeit	Anz. t	Zeit	Anz. t
		km		km		km		km		km		km		km		km		km
Lauf																
Aer. Ausd. ≤ 80 %																
Aer. Ausd. ≤ 80–90 %																
Aer. Ausd. ≤ 90–95 %																
Aer. Ausd. ≤ 95–97 %																
Ext. Anaer. Ausdauer																
Int. Anaer. Ausdauer																
Schnelligkeit																
Koord./Technik																
Kondition																
Kraft																
Sprungkraft																
Circuit																
Ein-/Auslaufen																
Beweglichkeit																
Koord. Fähigkeiten																
Mentales Training																
Tests/Wettkampf																
Regeneration																
Stundentotal																

Trainingsprotokoll für einen Läufer (nach KUNZ).

Seite 29 oben:
- HARD 1992; 18.
Seite 29 unten:
- TITTEL 1985; 345.
Seite 30 oben:
- HARD 1992; 18.
Seite 30 unten:
- FINDEISEN et al. 1980; 46.
Seite 31:
- SILBERNAGL et al. 1983; 37.
Seite 33:
- FINDEISEN et al. 1980; 41.
Seite 34:
- FINDEISEN et al. 1980; 41.
Seite 35:
- OLGIVIE 1988; 335.

Seite 37:
- KAPANDJI 1985; 21.
Seite 38:
- FRICK et al. 1980; 205.
Seite 43:
- MIRAM et al. 1997: 318.
Seite 44:
- SCHÄFFLER et al. 1998[3]; 168.
Seite 45:
- PANSKY et al. 1984.
Seite 51:
- HARRE 1986[10]; 74.

- ASVZ (Hg.): Trainingslehre im ASVZ, Zürich 1991 ff.
- ALBRECHT, K./MEYER, S./ZAHNER, L.: Stretching, das Expertenhandbuch, Heidelberg 1999.
- BADTKE, G.: Lehrbuch der Sportmedizin, Heidelberg 1995[3].
- BAILLOD, J./MOOR, R.: In Bewegung. Sportlehrerinnen und Sportlehrer sprechen über ihren Beruf, Magglingen 1997.
- BAUMANN, S.: Psychologie im Sport, Aachen 1998[2].
- BAUR, J./BÖS, K./SINGER, R. (Hg.): Motorische Entwicklung. Ein Handbuch, Schorndorf 1994.
- BERNSTEIN, N. A.: Bewegungsphysiologie, Leipzig 1975; 1988[2].
- BIRBAUMER N./SCHMIDT R. F.: Biologische Psychologie, Berlin 1990.
- BÜHRLE, M.: Grundlagen des Maximal- und Schnellkrafttrainings. Schorndorf 1985.
- CARL, K.: Talentsuche, Talentauswahl und Talentförderung, Schorndorf 1988.
- COMETTI, G.: Les Methodes modernes de Musculation. Tome 1: Donnees théoriques, Dijon 1988.
- COMETTI, G.: Les Methodes modernes de Musculation. Tome 2: Donnees théoriques, Dijon 1988.
- COMETTI, G.: La pliométrie, Dijon 1988.
- CSIKSZENTMIHALYI, M.: Flow. Das Geheimnis des Glücks, Stuttgart 1992[2].
- EBERSPÄCHER, H.: Mentale Trainingsformen in der Praxis, Oberhaching 1990.
- EGGER, J.-P.: De l'entraînement de la force à la préparation spécifique en sport, Paris 1992.
- EGGER, J.-P./HOTZ, A.: Das Erbe einer Karriere, Konsequenzen für den Trainingsalltag (Video), Magglingen 1995.
- EHLENZ, H./GROSSER, M./ZIMMERMANN, E.: Krafttraining, München u.a. 1998.
- ENGELHARDT/NEUMANN: Sportmedizin – Grundlagen für alle Sportarten, München 1994.
- FINDEISEN, D.G.R./LINKE, P.-G./PICKENHAIN, L.: Grundlagen der Sportmedizin, Leipzig 1980.
- FOERSTER, O.: Physiologie und Pathologie der Co-Ordination, Jena 1902.
- FREIWALD, J.: Prävention & Rehabilitation im Sport, Reinbek 1989.
- FREY, G./HILDENBRANDT, E.: Einführung in die Trainingslehre, Schorndorf: Teil 1: 1994; Teil 2: 1995.
- FRICK, H./LEONHARDT, H./STARCK, D.: Allgemeine Anatomie I: Extremitäten – Rumpfwand, Stuttgart 1980.
- GEISSBÜHLER, S. (Hg.): Sport und Gesellschaft, Bern 1998.
- GUBELMANN, H.: Geistiges Probehandeln motorischer Fertigkeiten, Zürich 1998.
- GROSSER, M., et al.: Leistungssteuerung in Training und Wettkampf, München u.a. 1986.
- GROSSER, M./STARISCHKA, S.: Das neue Konditionstraining, München 1998.
- GROSSER, M.: Schnelligkeitstraining, München 1991
- GRUPE, O./MIETH, D. (Hg.): Lexikon der Ethik im Sport, Schorndorf 1998.
- HAHN, E. (Hg.): Psychologisches Training im Wettkampfsport. Ein Handbuch für Trainer und Athleten, Schorndorf 1996.
- HARD, J.: Mein grosses Buch vom Wunderwerk des Körpers, Klagenfurt 1992.
- HARRE, D. (Red.): Trainingslehre, Berlin (Ost) 1969; 1986[10].
- HARTMANN C./MINOW. H.-J. (Hg.): Sport verstehen – Sport erleben. Teil 2: Trainingsmethodische Grundlagen, Lampertswalde 1999.
- HASLER, H.: Funktion und Bedeutung der koordinativen Fähigkeiten, in: HASLER, H. (Hg.): Koordinative Fähigkeiten. Magglinger Beiträge zum Sport (Nr. 40), Magglingen 1990; 3–8.
- HECK, H.: Energiestoffwechsel und medizinische Leistungsdiagnostik, Schorndorf 1990.
- HIRTZ, P. (Ltg.): Koordinative Fähigkeiten im Schulsport, Berlin (Ost) 1985.
- HIRTZ, P.: Koordinative Fähigkeiten, in: SCHNABEL/HARRE/BORDE, a.a.O., 1997[2]; 114–130. Zudem: Koordinationstraining, in: IBID., 225–230.
- HIRTZ, P./KIRCHNER, G./PÖHLMANN, R. (Hg.): Sportmotorik. Grundlagen, Anwendungen und Grenzgebiete, Kassel 1994.
- HOTZ, A.: Praxis der Trainings- und Bewegungslehre, Frankfurt a/M. u.a. 1991.
- HOTZ, A.: Trilogien des Handelns – Sinfonien des Lernens (Video), Magglingen 1994.

- HOTZ, A.: «So wenig wie nötig korrigiere – so oft wie nur möglich variiere!» Worauf es in der methodisch gestalteten Technikansteuerung ankommt, in: Zs. leistungssport, 1996, Heft 3; 34–40.
- HOTZ, A.: Qualitatives Bewegungslernen, Bern 1997 a.
- HOTZ, A.: Techniktraining, in: SCHNABEL/HARRE/BORDE, a.a.O. 1997[2] b; 214–225.
- HOTZ, A.: Die Wettkampfdurchführung, in: THIESS, G./TSCHIENE, P./NICKEL, H. (Hg.): Der sportliche Wettkampf, Münster 1997 c; 112–142.
- HOTZ, A.: Koordination – ein Kernbegriff einer sportübergreifenden (Bewegungs-)Philosophie, in: GEISSBÜHLER, a.a.O. 1998; 167–202.
- HOTZ, A.: Rhythmus bestimmt Qualität und Effektivität von Bewegung und Technik. Rhythmische Bewegungsgestaltung – philosophisch betrachtet, in: Zs. leichtathletiktraining, 1999 a, Heft 2+3; 44 f.
- HOTZ, A.: Timing oder die Kunst, Taktik, Technik und Kondition ganzheitlich zu koordinieren, in: Zs. mobile, 1999 b, Heft 3; 6–10.
- HOTZ, A./EGGER, J.-P.: Ganzheitliches Energietraining ist mehr als traditionelles Krafttraining! Von Muskelkraft und anderen Kräften – Eine Philosophie des ganzheitlich-integrativen Trainierens von Kraft, in: Zs. leistungssport, 1999, Heft 3; 18–21.
- HOTZ, A./KUNZ, H.: Aspekte des Techniktrainings (SLV-Broschüre), Bern 1996.
- HOTZ, A./ WEINECK, J.: Optimales Bewegungslernen. Anatomisch-physiologische und bewegungspsychologische Grundlagenaspekte des Techniktrainings, Erlangen 1988[2].
- KÄLIN, K. (Hg.): Captain oder Coach?, Thun 1995.
- KAPANDJI, I.A.: Funktionelle Anatomie der Gelenke. Band 3, Rumpf und Wirbelsäule, Stuttgart 1985.
- KUNZ, H./SCHNEIDER, W./SPRING, H./ TRITSCHLER, T./UNOLD, E.: Krafttraining, Stuttgart 1990.
- KUNZ, H./UNOLD, E.: Zielgerichtetes Krafttraining (Trainer-Information 20), Magglingen 1986.
- KUNZ, H./UNOLD, E.: Muskeleinsatz beim Krafttraining (Trainer-Information 21), Magglingen 1988.
- KUNZ, H./UNOLD, E.: Schnelligkeitstraining, (Trainer-Information 23), Magglingen 1990.
- KUNZ, H.: Technikorientiertes Konditionstraining (Trainer-Infromation 25), Magglingen 1992.
- KURZ, D.: Pädagogische Grundlagen des Trainings, Schorndorf 1988.
- LAHRTZ, S.: Lernen bedeutet überleben. Aufgaben der verschiedenen Gedächtnissysteme, in: NZZ, Nr. 64: 18. März 1998; 77.
- LETZELTER, M.: Trainingsgrundlagen, Reinbek 1978 ff.
- MARKWORTH, P.: Sportmedizin: 1: Physiologische Grundlagen, Reinbek 1986[2].
- MARTIN, D.: Training im Kindes- und Jugendalter, Schorndorf 1988.
- MARTIN, D. (Red.)/CARL, K./LEHNERTZ, K.: Handbuch Trainingslehre, Schorndorf 1991.
- MEINEL, K./SCHNABEL, G.: Bewegungslehre – Sportmotorik. Abriss einer Theorie der sportlichen Motorik unter pädagogischem Aspekt, Berlin 1998[9].
- MIRAM, W./SCHARF, K.-H.: Biologie heute, Hannover 1997.
- NITSCH, J. R./NEUMAIER, A./MAREES, de, H./MESTER, J.: Techniktraining. Beiträge zu einem interdisziplinären Ansatz, Schorndorf 1997.
- NITSCH, J. R./SEILER, R. (Hg.): Bewegungsregulation und motorisches Lernen – Motor Control and Motor Learning (Bewegung und Sport. Psychologische Grundlagen und Wirkungen [Bd. 2], Sankt Augustin 1994.
- OLGIVIE, R.W. et al.: American Journal of Anatomy, 1988, Vol. 182.
- PANSKY, F./ALLEN, P.: Review of Neuroscience New York, 1984.
- PÖHLMANN, R.: Motorisches Lernen, Reinbek 1994.
- QUENZER/NEPPER: Funktionelle Gymnastik, Wiesbaden 1997.
- REICHARDT, H.: Schongymnastik, München 1996
- RIEDER, H./LEHNERTZ, K.: Bewegungslernen und Techniktraining, Schorndorf 1991.
- RIEPE, L.: Kinder im Sport. Talent, Motivation und Selbsterleben, Paderborn 1998.
- ROTH, K./WILLIMCIK, K. (Hg.): Bewegungswissenschaft, Reinbek 1999.

- RÖTHIG, P. (Ltg.): Sportwissenschaftliches Lexikon, Schorndorf 1992[6].
- RÖTHIG, P./ GRÖSSING, St. (Hg.): Bewegungslehre. Kursbuch 3, Wiesbaden 1990[3].
- SCHÄFFLER, A./SCHMIDT, S.: Biologie, Anatomie, Physiologie: Kompaktes Lehrbuch für Pflegeberufe, Stuttgart 1998[3]; 168.
- SCHNABEL, G./HARRE, D./BORDE, A. (Hg.): Trainingswissenschaft, Berlin 1994; 1997[2] (Studienausgabe).
- SCHNABEL, G./THIESS, G. (Hg.): Lexikon Sportwissenschaft, Leistung, Training, Wettkampf, Berlin 1993 (2 Bde.).
- SCHUBERT, F.: Psychologie zwischen Start und Ziel, Berlin (Ost) 1981.
- SEILER, R.: Kognitive Organisation von Bewegungshandlungen, Sankt Augustin 1995.
- SEILER, R./STOCK, A.: Handbuch Psychotraining im Sport. Methoden im Überblick, Reinbek 1994.
- SILBERNAGL, S./DESPOPOULOS, A.: Taschenatlas der Physiologie, Stuttgart 1983.
- SIVS (Hg.): Schneesport Schweiz – Die Kernkonzepte, Uttigen 1998 (Autoren: R. CAMPELL, P. DISLER, A. HOTZ, U. RÜDISÜHLI).
- SPRING, H./KUNZ, H./SCHNEIDER, W./ TRITSCHLER, T./UNOLD, E.: Theorie und Praxis: Kraft, Stuttgart 1990.
- SPRING, H./ILLI, U./KUNZ, H. R./RÖTHLIN, K./ SCHNEIDER, W./TRITSCHLER, TH.: Dehn- und Kräftigungsgymnastik, Stuttgart 1992.
- SYER, J./CONNOLLY, C.: Psychotraining für Sportler, Reinbek 1987.
- TITTEL, K: Beschreibende und funktionelle Anatomie des Menschen, Stuttgart 1985.
- VILLIGER, B./EGGER, K./LERCH, R./ PROBST, H.P./SCHNEIDER, W./ SPRING, H./TRITSCHLER, T.: Ausdauertraining, Stuttgart 1991.
- VOGT, A.-K./VOGT, U.: Möglichkeiten der Beeinflussung psychischer Leistungsfaktoren im Basketball, in: Zs. leistungssport, 1999, Heft 1; 33–38.
- WEINECK, J.: Optimales Training, Balingen 1997[10].
- WEINECK, J.: Optimales Fussballtraining, Erlangen, 1992.
- WEICKER, W./STROBEL, G.: Sportmedizin. Biochemisch-physiologische Grundlagen und ihre sportartspezifische Bedeutung, Stuttgart 1994.
- ZATSIORSKY, V.: Krafttraining, Aachen 1996
- ZINTL, F.: Ausdauertraining: Grundlagen, Methoden, Trainingssteuerung, Müchen 1994.